全国青少年校园美文精品集萃丛书·少年的你系列

少年的你
是迎风展翅的雏鹰

《中学生博览》杂志社 选编

时代文艺出版社

图书在版编目（CIP）数据

少年的你是迎风展翅的雏鹰／《中学生博览》杂志社选编. — 长春：时代文艺出版社，2021.3
（青少年校园美文精品集萃丛书.少年的你系列）

ISBN 978-7-5387-6591-5

Ⅰ.①少… Ⅱ.①中… Ⅲ.①作文－中学－选集 Ⅳ.①H194.5

中国版本图书馆CIP数据核字（2020）第267128号

出 品 人　陈　琛

产品总监　邓淑杰

责任编辑　刘瑀婷

装帧设计　孙　利

排版制作　隋淑凤

少年的你是迎风展翅的雏鹰

《中学生博览》杂志社　选编

出版发行／时代文艺出版社

地址／长春市福祉大路5788号　龙腾国际大厦A座15层　邮编／130118

总编办／0431-81629751　发行部／0431-81629755　北京开发部／010-63108163

官方微博／weibo.com／tlapress　天猫旗舰店／sdwycbsgf.tmall.com

印刷／三河市嵩川印刷有限公司

开本／880mm×1230mm　1／32　字数／135千字　印张／7

版次／2021年3月第1版　印次／2021年3月第1次印刷　定价／36.00元

编　委　会

编委会主任：刘翠玲　夏野虹　高　亮

Contents

目　录

就让时光记住

那时年少,不懂岁月忧伤

便是人间好时节

在时光的碎片里

再也回不到从前

就让时光记住

伤　信

桑　杞

徐徐又当这信是你　紧贴我拥抱

可惜信太单薄　怎可填密落空

愈信伤早抑压　痛便愈沉重

仍多么需要你　仍多么需要你

——陈奕迅《伤信》

习惯性地拿出纸笔给你写信，突然想起你说的那句："以后别再写信了。"刚落下的笔硬生生地停下来，不知道该写什么好了。我没再给你写信，只是把你寄来的一封封信装进了箱子。耳机里都是陈奕迅的声音，"徐徐又当这信是你"，又当这信是你。

你一直很喜欢他的，我知道。分开之后我听他的歌，唯独听到这首每每都会落泪。

8月的阳光无比明媚，细细碎碎洒在肩上的感觉能勾起人不少的回忆，那么多平缓葱郁的日日夜夜被暴露在阳光下，我一一用手护住，生怕它融化。

漫长的光阴里，多希望可以重新回顾你。然而当时年少，只记得爱与虚慕，却把最重要的人抛之脑后，等到越接近别离，才越渴望被挽留。

东京之旅一早比一世遥远。

——《富士山下》

写这封信的时候我哭了很久，以至于每句话都是支离破碎的样子，却还是忍不住把那些久远的回忆翻出来流泪。

你放心，这封信我也不会寄出，我只想把它留在我身边，紧贴我拥抱。

认识你之前的我，极度自卑敏感，把懦弱的自己藏进心里，外表一副无坚不摧的模样。我杜绝了与外界的一切交流，双胞胎妹妹去世的痛，硬是像一把枷锁，牢牢铐住我的心。

只是没想到，会遇见你，会遇见这样一个你。我们那么相像，我一直认为我们会像涸泽之鱼，会相濡以沫。你把我的世界划开了一道口子，让阳光洒了进来。那些逆风奔跑的日子，是我改变的开始，你带着我拼命挣脱那些作茧自缚的日子，我看见阳光、雨露还有你在云端的微笑。

少年的你是迎风展翅的雏鹰

只是，我没想过我们真的会有离别那天。我在日记里的话一语成谶——不期而遇终有散。

　　我多想和你再见一面，看看你最近改变。

　　不再去说从前，只是寒暄，对你说一句，好久不见。

　　　　　　　　　　　　　　——《好久不见》

初三毕业前夕，你染上了重感冒，那时的天气出奇地寒冷，即使喷嚏不止你也没多在意。我小心翼翼向医生询问了许多注意事项，然后把药拿给你。褐色的瓶子叮当作响，你拿着它头摇得像个孩子。

那样的场面多么温馨，想来那时的我们都不会想到各安天涯的自己吧。

然后盛夏急匆匆赶来，毕业、中考，我们被毕业照那天刺眼的闪光灯照出了泪，泪水潺潺地流出来，淹没了我的回忆。

之后的一切那么理所当然，写信、寄信，却仍旧习惯了没有对方的日子，也仍旧习惯彼此渐行渐远。直到最后，你在信里写道："以后我们都不要写信了吧。"我才发现自己早已抓不到那份阳光，那缕一直陪伴在我周围的光，一次次黯淡，直至消失的光。

如今怎样的追悔都难以挽回，只是我想，终成陌路的时候，再次相见但愿你会对我说一句"好久不见"。

怀念单车你给我，唯一有过的拥抱，难离难念，想抱紧些，茫茫人海，好像荒野。

——《单车》

即使这份青春里我有那么多的懊悔，但我还是想谢谢你，让我成为一个更好的人。那些改变，那些感动……亲爱的你，是你教会我成长，尽管最终我还是不可避免地失去了你。

那些信件我保存得很好，我只当那信是你，紧贴我拥抱。

怀念你给我的，那样宝贵的时光。

是我个性舞摆　换来这封信
曾令你疯　旧情要一别而尽
仍多么需要你　仍多么需要你
如今天失去了　怎么退怎么进
如果可不要信　宁死都不要信
但看我手　再激动仍只得伤

——陈奕迅《伤信》

就让时光记住

养　分

时间就像是影子，你不低头就不知道它的存在。然而它却一直都在，并在转眼间，轻舟已过万重山。我健忘，但我很想记住这段青春。

我在重复地感叹作文又没能获奖时，夏晓冷不丁地冒出一句："难道写文就是为了拿奖？"

我愕然，然后不知所措。所有人都在安慰我，说是评委老师的问题。我也只是乐呵地回应说继续努力。只有夏晓会与我针锋相对，冤冤相报何时也不能了。

"可是你知道不被认可的感觉有多难受吗？"我嘴上也不饶人。

"得了吧，又不是没机会。你离高三还有一年，哪像我这高四的……"看来又要展开他的大论长篇了。

"大哥，求你了，别念叨了，我们快到了！"我很惊讶在密密麻麻挤得喘不过气来的、到处都是汗臭味的公车上，他怎么还能像炫迈口香糖一样"根本停不下来"。

除了阿欧、木落、大妈，所有人都望向了他。"你真当公车是你家啊？"阿欧忍不住开口，然后大家都笑了。你可以想象一个一米八十多的高大汉子扶着扶手，以每秒一句话的速度滔滔不绝地秒杀全车人吗？

我艰难地从人挤人的缝隙里拉出我的书包，余光里却发现了我眼中阳光的你，静好。

随后我便被夏晓他们拉进书香节的活动现场，你没有注意到我，戴着白色耳机安静地看着窗外，斜阳倒映在车窗上，这样的感觉真的很美好呢，你知道吗？

这是五一放假前的一天。所有的中学生都从学校撤离，交通像春运似的。只有我们这几个才会如此空闲往书堆里扎吧。

噢，忘了交代，我喜欢你一年了。

我的前桌又帮我用她的手机偷拍了你，然后我便在语文课上公然看起你的照片。我呆呆地看着，同桌推了我一下，我慌张地收好手机，正好遇上语文老师的目光，险象环生，惊心动魄。

语文老师布置了一篇可自由发挥的作文，还自选文体。于是我一气呵成地写了一篇有你影子的作文后还欲罢不能。我是有多想写关于你的一切，毕竟，毕业后，能带走的或许只是这个了。

高考仅剩一个月，夏晓回了广州。阿欧跟木落早上在操场碰见我时，我们会一起走。我总会看跑道那边的体育生，你们已经开始训练了。

"你对体育生真的很情有独钟呢。"阿欧拉起我的手。

"是啊是啊，因为他们最勤奋，"话音未落，"因为MVP在里面啊。"木落抢答道。

嗯，是啊。我不知道训练到肌肉发酸有多痛，我不会知道原来抽筋对你们来说像家常便饭。我喜欢努力又很坚持的人，正如你。

我也曾在体育课时坐在一旁偷偷地看你打篮球，然后被我们班男生踢的足球砸中，好狼狈。你们都像若无其事，只有我们班的奇葩男生笑抽了，我拾起来扔过去，有种想走过去跟他们扭打的冲动，最终草草来了句："今天穿匡威，不跟你们一般见识。"

不知道你当时有没有注意到我，但我真的很喜欢看你认真的样子。

因为，你丝毫不比阳光逊色。

数学老师在课堂上咬牙切齿地说道："你知道为什么人会在同一个地方摔倒多次吗？因为摔得不够惨。"

我的数学这次终于没有拖我的后腿，可是别的科目又差了起来。我在惆怅要怎样让你注意到我，唯一光明正大的就是在领奖台上，我可以从容地笑而不用觉得别扭。

　　但我太懒惰还不够优秀，于是只好在角落一隅为你鼓掌。

　　我记得你在微博说过：不逼自己一把都不知道自己会有多强大。不知道为什么，总觉得在你口里说出来的话是那么的有道理。

　　那么我说，不读书配不起未来的自己。就这么一句。

　　夏晓一阵狂喷，你要嫁给读书还是嫁给自己？然后每次谈话都会带上一句读书是你唯一的出路啊。再附上狂笑抽搐的嘴脸，让人觉得他图谋不轨。

　　我不甘堕落，却又不能自强不息。同桌说我心里有病，才会乱想太多。很多时候我都讨厌这样的自己，高中是个太狰狞的词，但可惜我对它还心存幻想。我在日记里写得最多的话便是要足够努力足够优秀，这样才可以令你看我时不会太累。

　　终究只是我想太多。可我还是愿意，为自己变得更优秀。

　　"你真的打算一直暗恋下去吗？"上桌转过头，瞪大眼睛问我。喜欢你这件事，我文科班的同学都知道了。

　　"这种事情谁也说不定，不过高考后，我一定会说出来的。"其实我很喜欢现在，有动力，有远方。

你拿篮球MVP奖杯时我在人群中为你欢呼雀跃。你的身边有位很明媚的女生，跟你很相配。可是那个晚上，凌晨三点，我还在无聊地为自己数眼泪。我不断地跟自己过不去折磨自己，好像只有这样才会显出自己的付出有多大，心里才会好受些。

已是半年前的事，不也过去了吗？于是我学会安慰自己，很多人都是这么过来的。

我在教室里无聊到想写文时，老师拿了一封夏晓寄过来的信给我。信的内容很多又令我很感动。认识他五年了，从来不知道他会如此细心。无论在我中考前跋山涉水回学校给我加油打气，还是在颁奖晚会坐在我身边为我鼓掌，我都一味在索取却从没发现他的好。

他说："那个不自信的女孩儿，暗恋是很伤的，你更要好好爱自己。"

他说："你才不是没有存在感的人，你还有未来，还有远方。"

他说："不要让自己偷偷落泪，总会有人在未来等着你，需要你。"

我的鼻子突然发酸，眼泪一滴一滴流出来。老师上课提问我时被我吓坏了。我好像总是这么失态。

你说呢？

蝉鸣星闪，晚风习习。

我靠在窗台上，给自己写了一封不比你的差的情书。我从来没有如此喜欢过一个男孩儿，总算是嗅到了一点儿青春的味道。

终于下定决心评论你的动态，你很讶异我了解你的惊人程度还问我是不是对你有不一般的感觉。

我说，有些事你不必知道，就让时光记住。

我不想因为喜欢你，而让自己感到卑微。

就满足我这点儿自尊心，就让我记住这段名为暗恋的时光。

旅行的意义

龚媛媛

那一段段旅程中漂泊的光阴，如今都静静栖居在这个印花的小铁盒里，它们以时光之名，依附在里面每张过期的火车票、船票和手绘的地图上，储存着我过往每个西瓜味的夏天，以及每一片曾偶遇过的山川河流。

2010年的夏天，十四岁，我在香港，穿着一件加菲猫的浅色T恤，背着灰色的旅行包，开始了第一次真正意义上的旅行。

过了海关，才明白原来香港和深圳不过是隔了一方浅浅的海湾。乘坐双层巴士时小心地把手伸出窗外，夏天的风掠过掌心偶尔还能触摸到树的叶子。然后巴士驶进海底隧道，一种新奇和小小的忐忑抑制不住地冒出来，像卡通片里的情节一样能够从海底穿行而过，内心不由得充满了孩子般的雀跃。

在铜锣湾避风塘吃过下午茶，就到邻近的维多利亚港散步，海风贴面而来，嘴角也被吹得微微扬起，看着夕阳一点点坠落，像魔法一样点亮了周围的灯火霓虹，一天跌宕的心情在那一刻忽然被熨烫平整，剩下一些安心的愉快。

接下来几天的行程步履匆匆，却是任何一种美好体验都不愿错过。在太平山顶坐缆车悬空的感觉让我害怕得闭上眼睛，却又透过悄悄张开的指缝偷看远处的景色；在尖沙咀的Best Berry买了一盒草莓酸奶冰淇淋，在太阳底下边走边吃，冰淇淋很快就融化在一起变成淡淡的粉色，看着充满幸福感；去海洋公园看了一场海豚表演，还蹦跳着到海洋馆里看了小丑鱼和大白鲨；香港被称为购物天堂，但那时的自己对此没有什么概念，只知道商场里人头攒动，踮起脚还很幸运地看了一场商场明星Show……许多细节都随时光遗忘在某个角落，留下光影的片段，但是这段人生旅途的初程始终以一种温柔缱绻的姿态存在着。

初心不变，方能始终。

2011年的夏天，十五岁，我在北京，想要去的远方不过是地图上短短几厘米的距离，两个地点间却是一千多公里的曲折。

和闺密在火车上谈天说地，看窗外变换着的丘陵和不知名的湖泊，总觉得南方的景致重重叠叠的不够开阔，我喜欢看火车经过北方的平原,一马平川,还有阳光下翻动的金色麦田。火车到站,突然就回到了北京。虽然和儿时琐碎的记忆大相径庭,但一点儿也不影响我对这个城市特别的好感。

某个下午和闺密挽着手逛商场,在麦当劳吹冷气吃薯条,晚上肩并肩站在人行天桥上看光影变幻、车辆川流不息,那样的日子是记忆里不可复制的美丽。我还记得在欢乐谷里听见过山车上的尖叫望而却步,很没出息地一个人去坐了旋转木马,在花镜漂流里感受氤氲的水雾,不幸被弄得一身清凉,从晨光熹微一直玩到暮色四合才尽兴而归。

转了数次的地铁和公交,看过卢沟桥的狮子和动物园的大熊猫,喝过了前门的大碗茶,拿着冰糖葫芦走街串巷,在蓝羊书坊里消磨了一下午的时光,有一种岁月静好的情愫在心里简单生长,给旅途中的我安定的归属感。

后来,机缘巧合地去了辽宁的葫芦岛——一个恬静的海湾小镇。清晨就光着脚丫踩在柔软的沙滩上,有淳朴的渔民满载而归,许多白色的海鸥在远处低空飞翔,海天相接的地方太阳渐渐浮出海面,很久以后,我依然很庆幸生命中曾有过这么美好的早晨,生命或许就应该被这样美好地浪费掉。

坐轮渡到附近的海岛上观光,咸咸的海风吹散了额前的刘海儿,一手扶着头顶的草帽,另一只自然是万年不变的剪刀手,咔嚓一声定格留念。住宿的旅馆靠海,尽管有些潮湿，但是一打开玻璃窗就是碧海蓝天，不由得默念起了海子的那句诗：我有一所房子，面朝大海，春暖花开。晚上把沙发移到窗边，透过树影婆娑，看月光下的海面像铺满了一层发光的星星，不慌不忙地涌向沙滩，然后窝在沙发里随意选了一首歌，耳边流淌起清新的吉他前奏，张悬干净的嗓音："在所有人事已非的景色里，我最喜欢你……"

2012年夏天，十六岁，我在厦门，那个夏天蝉声聒噪，中考失利，心情很糟糕，收到父亲的简讯："去看海吧，我在厦门等你。"换上一双白色帆布鞋，简单收拾了两件行李到背包里，就到火车站买票，握着晚上8点启程的火车票一直等到凌晨1点钟，火车晚点，从候车室的人群熙攘到零零星星，白炽灯高高悬挂着把整个候车室照得很空旷，夜晚的山风把脚边的塑料袋吹着发出簌簌的声响，我脑海里又浮现出了《山海经》里的那些可怕的妖怪，抱着背包的手紧了紧。我不知道什么时候火车会来，但是我不想走，或许这就是年少时的倔强与偏执。忘了是什么时候火车来了，只知道那时候夜空很暗沉，我坐在空空的车厢里数着火车经过的站点，几乎一夜未眠。

夜尽天明，出了站点就看见父亲一脸倦容朝我微笑走来，眼泪忽然就抑制不住地流了下来，仿佛那个年纪所经受的不甘与不安都找到一处地方小心安放。和父亲在肯德基吃着早餐，看透明玻璃外的路上车水马龙，公车站点上有背着书包的学生还有低头看手机的年轻人，人行道上有头发花白的老人带着一只憨憨的松狮犬慢慢散步，人来人往。

蓦然发现这个世界从未有什么不同，生活还是要继续下去。收拾好心情，我和父亲坐轮渡到鼓浪屿看了大海，瞥见阳光照亮了一大块石壁，变成日光岩，连心情也愈发明亮起来。在一家叫胡桃夹子的小店买了几张手绘的明信片，坐在一片榆阴下把明信片垫在膝盖上，认真用小楷字写下祝福，连同我所看见的阳光一起寄往远方，还有一张寄给那年十六岁在旅途中遇见的新的自己。以后要在黑暗里成为自己的光，Everything will be OK。

2014年的夏天，十七岁，我在福州，你在哪里……

曾在一本书上看到这样一句话：如果你不出去走走，你会以为这里就是世界。

现在把这句话和我所路遇的世界悉数奉献于你，不管你想要去什么远方，只愿你心之所向，素履所往，皆能到达。

写给在路上的你：

在陈绮贞《旅行的意义》这首歌单曲循环里，我完成了现在你们所看见的这篇文字，经过不断地删改，在回忆里挑挑拣拣找出了一些印象深刻的片段，希望我们都能在不断前行中找寻一份勇气，不为遇见，只为远方。

窗户君，那些年你辛苦了

翁翁不倒

1

后桌将窗户推了上来，我回头一看，他朝我挤眉弄眼的什么意思？

他指着窗户，我一看，原来窗户上有字。

天气那么冷，轻轻往窗户呵一口气都能在上面写字了。

嗯，窗户画了一只鸡。

"啥意思？"我呵了口气，用手指写道，然后把窗户推回去。

过了一会儿窗户推了上来。

一只鸡指着"15"。

我在试卷找到第十五题，是一道"鸡兔同笼"的题目，想了一会儿没做出来。"我也不会"，然后推回去。

一会儿又推上来了，一个愤怒的表情。我画了个抠鼻的表情，推回去。又推上来了，一个两只手一起抠鼻的表情。

我又画了个三只手抠鼻的表情，刚推回去，数学老师在背后悄然降临。

"你们俩干什么呢？"

"我们在……在擦窗户……呵呵呵……"

"对啊对啊！在擦窗户！"

"可是现在是考试时间，你们可以停止这个活动吗？！"

"可以的，可以的！"

我扭回头去默默做试卷。

下课后同桌兴奋地跟我说："感谢你啊，万分感谢你啊，这次林恬肯定考不上一百多了！"

林恬成绩突出，不过是我同桌的打击对象。

我疑惑道："关我什么事？"

她一把推开窗户，窗户一阵咪啦声："你听，就是这个声音，刚才你们考试的时候在'孔融让窗'不是推来推去的嘛？林恬说又是锯木声，怎么又是锯木声，嘿，我知道他们家邻居这阵子正在装修，她日听夜听肯定会心烦，一烦就考不了高分了呀？"

原来是这样！

她嘀咕："一会儿放学我还得感谢她邻居去！"

放学的时候一同学跑来说："班主任检查了发现你们俩确实很有擦窗户的天分，所以邀请你们俩过去办公室擦一擦那儿的窗户！"

所以，此刻我们两个正在悲催地当擦窗工。

张显智愤愤道："啊啊啊，一定是数学老师去跟班主任打小报告。我再也不相信爱情了！"

"数学老师跟爱情有什么必然联系吗请问？"

"没有，就是挺顺口的……"

唉，还是擦窗户吧。

2

我的初中生活中据完全统计就收过两封情书，一封不知道是谁写的，上面很多字不会写都是用拼音拼出来的，那时我暗恋的男生说："如果是我写的怎么样？"

我问他："读过学前班吗？"

他说："读过呀。"

"那就肯定不是你写的，就别开玩笑了。"

不过，后来想想觉得未必不是他写的，可能他上学前班的时候没有认真听课所以不会写字，而且就算不是他写的我也可以诬赖是他写的让他负责，只是可惜那时他已远走他校。

第二封情书是我私底下强迫张显智写的，为的是第二天上学可以假装矜持地问："呀，怎么又有一封情书？"然后羞涩一笑展信诵读。

后来，我用双面胶粘了贴在窗户上，供来往的同学反复瞻仰。

略有不满的就是张显智当时肯定一心两用，一边抄情书一边写语文作业，不然怎么读着读着出现这么一句："当我第一次看到你的时候，我就想对你说'我就是叫作藤野严九郎的……'"

不过想到他的语文作业里藤野先生对着他的学生介绍自己的时候，出现类似于"我被你的美丽深深地打动了"之类的话导致的后果是语文老师找他喝茶的情形，顿时觉得他是藤野也不错。

至于后来被班主任命令将情书从窗户上刮下来的时候，它经历无数风吹雨打已经很脆弱了，只是窗户还是留下了坚强的双面胶君的身影。

3

网上流传这样一个段子：这世上会贴在玻璃上的只有

两种生物，一种是壁虎，另一种……

是班主任。

班主任们都喜欢搞突击，在你或认真或不认真听课的时候，他会在窗外悄然降临，偏偏还要装得像是刚好经过的样子，其实谁都知道他是有备而来的。

在这个前提条件下，后来坐在窗户边的同学都被训练成情报员，只要方圆十里内出现一点儿动静，都会第一时间传达给上课玩手机的同学。

印象深刻的一次是那天忘了带镜子，然后上课途中突然想照镜子，想着借助窗户平面镜成像勉强一照，微一偏头，窗外班主任庞大的身躯愕然呈现在眼前，面无表情，双眼直直瞪向我，我被吓得一下不知所措，愣了良久才默默扭头假装认真听课。但心灵无可避免还是留下了不少创伤。

其实窗户边的座位是很不讨喜的，那意味着你夏天吹不到风扇，因为风扇都集中在中间；意味着每天毒辣的阳光会在你的课桌漫步，刺得你眼睛反光；又或是你会和很多的灰尘朋友亲密接触。

至于这么多年来我始终坚持坐这儿，是因为那个每天会从窗外经过的男生。

每次他一经过我就低头假装写字，一边还想着他会不会因为看到我美好认真的侧脸而喜欢我呢，但事实证明那是不可能的，因为最后和他在一起的女生，之前每次见到他都争着把头伸出窗外毫不掩饰爱慕地盯着他看。

4

可是不管怎么说，窗户君陪伴我度过了三年。有班主任、有暗恋男生、有情书、有一切一切美好回忆的日子。

窗户君，那些年你辛苦了！

非完美告白

左　海

　　青禾交完作业，走出办公室，一路上经过二年10班、9班的教室，坐窗边的男生接二连三探出头来，无一例外。她一只脚正踏入8班的走廊，门里突然伸出一只手拦住去路，接着是整个身体蹦了出来，男生笑着露出整齐洁白的牙齿说道："嗨，又见面了。"

　　受到惊吓的青禾退了半步，抬头看比她高出半个脑袋的男生，原来是8班的体育骨干，校篮球队主力夏石瑧。板寸头，红色篮球服，左手戴米白色护腕，额角还挂着一圈汗珠子。

　　"早上给你的冰牛奶有喝吗？"

　　"WOW！"还没等青禾对夏石瑧的疑问做出反应，窗边围观的男女生发出了充满八卦意味的欢呼。

　　"你们别闹。"男生虽挥手制止，脸上却没有丝毫严肃的神色。

"走开，你挡到我的路了。"青禾说着往旁边移了一步，和夏石瑧擦肩而过，消失在转角。

坐定后的青禾从课桌里摸出下堂课的书本和笔记，看着桌角未开封的牛奶发呆。

清晨，青禾抓过床头的闹钟发现迟了八分钟，赶紧穿衣洗漱踩上鞋子出门，虽然赶上了最后一班校车，却没时间买早餐。进校门的时候，青禾愁眉苦脸一副没睡醒的模样，对于她来说，早餐是一天的力量之源，不吃早餐一整天都会没精打采。她步调缓慢地朝教学楼前进，突然被拍了下右肩，回头看却没人影。

"嗨，这么巧。"声音出现在左边。

青禾哪有心思玩这种无聊的游戏，抬头确认了来者是夏石瑧后，就又垂下头去。

男生察觉出青禾的异样，弯腰下去边走边看她的脸说："看你这样子，没吃早餐吧？"

"咦？！"青禾猛地一抬头，想说"你怎么知道"，又似乎没有力气。

夏石瑧卸下背包，掏出一盒冰牛奶塞到青禾手心："鸡蛋我在车上吃掉了，剩下这个，你下了早自习去超市买点儿饼干将就一下。"

我哪有力气去买，你就好人做到底帮我买一下。青禾心里这样想，但终究不好意思说出口。

“原本我可以帮你买，可是早自习我得去练球，第一堂课之前赶不回教室，抱歉啦。”

“这个很好了，谢谢。”青禾捧着冰凉的牛奶，加快步伐走到男生前面。

似乎有洞察人心的超能力。青禾盯着牛奶胡乱猜测。

“叮。”上课铃响，青禾挺了挺背，回过神来。

“嘿，女神大人。”好友推开玻璃门走过来。

青禾皱了皱眉，吸了一口芒果汁说：“别乱叫。”

高一那年，青禾一头短发，没怎么长个儿，衣服全是初三穿剩下的。由于融入新环境的节奏过于迟缓，没交到知心的好友，只会埋头苦学，遇到难题自己解决，从不求助老师同学。

高二分班，认识了现在的好友，性格开朗不少，留了长头发，有时披肩，有时扎马尾。着素白T恤和牛仔或一袭长裙，因为本身条件不差，稍稍打扮果然跟换了个人一样。更重要的是，学习之余读了些小说和诗词，并且发掘了自身艺术上的天赋，学起素描和水粉，光是往那儿一坐，就是一道美丽的风景，迷倒一大片男生。

“哎，那不是夏石瑧吗？”

“你别……”

青禾来不及阻挠，好友已经拍了拍窗户挥手打招呼。

男生推门进来，一屁股坐在青禾的斜对面说：“今天好漂亮。"

"哪里。"

"刘海儿，眼睛，挂坠，裙子……"

越说越认真起来。青禾微垂着头，长发正好掩住了她嘴角的笑意。

夏石瑧约了篮球队的好友一起看电影，已经快到开场时间，男生邀请青禾一起去看。因为是汽车子弹满屏幕乱飞的枪战片，青禾摇头拒绝，倒是好友很有兴趣的样子连连点头，她拗不过，只能硬着头皮答应。直到第一个惊悚镜头冲击了双眼，青禾才察觉到这并非枪战片，而是恐怖片。她扭头疑惑地看着夏石瑧，屏幕上的白光投射过来，男生一脸无辜。原来，是被篮球队的好友给骗了。

回家公车上，好友到站告别，夏石瑧从后方走来坐到青禾旁边的位子上："今天真对不起。"

"没事，我不怕看恐怖片。"夕阳渐沉，车窗外微风拂面，撩动青禾耳边几缕发丝。

"好厉害。"男生感叹道，"我从小就怕这东西，刚才见你那么镇定，我想我可不能在你面前丢人，才勉强撑住了。"

听到这样的话，青禾不知道如何接下去，她笑了笑侧过头去看窗外，不再言语。男生也并不多话，摸出手机打游戏，音量调到最小，怕打扰到身旁的女生。

青禾看了下时间，还有三分钟下晚自习，她开始轻手轻脚地收拾背包为放学做准备工作。铃声敲响，青禾扯过书包背上肩头，三步并作两步从后门跑出了教室。由于家离学校的路程有点儿远，她必须要占领一个校车座位，要不然这一路站下来可不得了。

校车上刚好剩最后一个位子，青禾坐下来松了口气。陆陆续续有学生上车，把车厢挤得满满的，就在车门缓缓关上的时候，夏石瑧一步踏了上来。两人中间隔着七八个人，加上车厢里关了灯，青禾思索着男生可能看不清，就没主动打招呼，再一想，似乎也不是太过熟悉的人，于是变得更理所当然。

下车后还要走一段路才到家，青禾慢慢走，看沿街的烧烤摊、冷饮铺还有慢慢落下卷帘门的婚纱店，十字街口的超市送走了最后一批抢购商品的消费者。她哼着小曲，想接下来的歌词，左肩突然被拍了一下。这一次，青禾向右边转头，果不其然，夏石瑧正笑眯眯地看着她。

"竟然没骗到你？"

"这游戏你上次玩过了。"

男生挠挠脑袋："是哦，我都给忘了。"

"你家好像不住这里吧。"青禾好几次在校车上碰到夏石瑧，但每次她下车的时候男生都没有下来。

"不远了，教练说晚上多走走路锻炼一下。"

青禾丝毫没有质疑这句话的可信度，也任由男生和她并肩往前走。

"我前些日子读到一句话，叫'夏虫不可以语冰'，光看字面，觉得挺美。"

"这句话是说对于夏天生死的虫子不要和它谈论冰雪的事，比喻人见识有限。"

一路上，男生说到很多事情，青禾觉得有趣，耐心听着，不对的地方就指出来，两人边走边聊不一会儿就到了家门口。青禾走几步上了台阶，回头对夏石瑧道别。男生站在不远处的路灯下，举起手挥了挥，然后插进口袋，站在那儿望过来。

"我回来了。"青禾关了门，弯腰换鞋子，客厅里的老爸闻声跑了过来，满脸担心的神色。原来，最近晚上治安不好，青禾突然明白了什么，转身去打开门，空无一人。

哪是什么教练的建议，原来是担心，又怕我多心，所以撒了谎。青禾站在大门口，几米外的路灯下只剩一圈扑灯的飞蛾。

全市高校篮球赛开赛的当天，青禾在家收拾绘图工具。在这之前，夏石瑧到3班门口对青禾发出了观看比赛的邀请，她刚好这天要去上美术课程，所以没办法去。

窗外烈日高悬，青禾坐在冷气开足的私人教室，在老师的指导下往图纸上抹下一笔一笔绚烂的颜色。课间休息的空当，青禾买了冰镇凉饮到休息室里喝，阳光透过窗户洒在玻璃茶几上，暖暖的一层。据说近几天的气温都在三十八度以上，这么炎热的天气去打篮球比赛，难道不会中暑吗？青禾一边想着一边拿起手机刷微博，她用手指轻轻滑动屏幕，然后眼睛定在其中一条上足足看了三十秒，接着她放下手里的凉饮，起身朝门外奔去。那条微博是在现场观看比赛的同学发的，写到比赛中有球员被撞倒受伤，手臂和膝盖全在流血。

下了车之后，青禾往青年文化宫的方向小跑而去，那是夏石璿比赛的地方。她挤开一层一层围堵的人群，看到坐在休息区的夏石璿，手臂和膝盖的伤口根本没有处理，汗水和血混在一起一直流到脚踝，滴到水泥地面上。

青禾朝夏石璿的方向走去，站到男生面前，挡住了他头顶的烈阳。

"跟我去医院。"青禾说着握住了夏石璿的手腕。

男生错愕地坐在原地，微微抬头疑惑地看着眼前这个像是变了个人的青禾。

"快，起来，跟我去医院。"青禾又重复了一遍。

这一次，男生慢慢站起了身。

"喂，你是夏石璿什么人？"青禾拉着夏石璿走了几步，身后的教练起身说了话。

青禾停下脚步，转过身去，直视着教练的眼睛，一个字一个字铿锵有力地说道："我是他朋友。"

周遭的喧嚣突然停了，所有人都默契地把眼神投到青禾身上，烈日之下，她扶着夏石瑧一步一步朝文化宫大门走去，然后挥挥手，拦下一辆出租车。

夏石瑧包扎好伤口走出处理室，在青禾旁边的长椅上坐下来，正准备说话的时候，被女生抢占了先机。

"你听我说。"青禾像是下了很大的决心，深吸一口气。

"很早之前，我听朋友说你喜欢我，那时挺讨厌你，不好好学习，经常逃课打篮球，常见你在教室门口罚站。可是后来，慢慢发现你的优点，会捡起掉在地上的垃圾，见到任何老师都打招呼问好，收养流浪狗流浪猫，我根本不知道对你的一点点好感会上升到喜欢的地步。"

青禾微垂着头，没敢去看身旁男生的表情。

"其实从办公室回3班的路有两条，但我每一次交完作业都从8班经过，只为了能看看你。偶然地在你朋友那里听说你要在周末看电影，所以我约了好友提前到了商场，想看看能不能碰到。那么多辆校车，我没有选择到我家的路线最短的那辆，而是选了你常常坐的那一辆……所以，并不是碰巧，并不是你一直在遇见我，而是我一直也地在遇见你。"

"我并没有那么高高在上好像谁也瞧不起，只是因为很久很久之前开始你就喜欢我，对于这件事，我一直感到很骄傲而已。"

"所以，"青禾终于慢慢抬起头，转过脸面对着眼前的夏石瑧说道，"我们在一起吧。"

眼前的男生一脸惊愕地听完，忽地轻起笑靥，坚定地点了点头。

关于那个橘子

橘 子

出 生

月黑风高的夜晚，一位伟大的母亲生下了早产仅有四斤重的女婴。出生证显示：1994年12月10日凌晨1点。虽然体重较轻，但眉目清秀（我也不知道母亲大人是怎么看出皱巴巴的脸蛋是清秀），唯一不足是双腿发紫，待在保温室十天后才回到母亲的怀抱……

羁 绊

快满一岁的她开始牙牙学语，睡觉前，外婆怕她着凉，被子盖得很高，无心造成了她斜视。此后一路颠簸，周围的人们都说这么清秀的孩子，眼睛怎么就……

祸 不 单 行

四岁的她在回家的途中，摔伤了，眉心缝了两针。至此，算是彻底"破相"。五岁的她在吃花生米时，花生米堵在了鼻孔，连夜送去医院，白色裙子染上了点点深红，不再穿裙子。十二岁的她去了福州，动了眼科手术，医生的疏忽造成复视。十六岁的她每晚都脚抽筋，还患上了肠胃病，现在的她将生命看得很轻很轻，却又很重很重。

破 茧

周围人的眼光让她开始接受事实，她蜕变了。儿时，自卑，胆小，轻声细语使她在同龄人眼中淑女无比；花季明媚，大胆，不修边幅，有了自己的朋友，谈笑风生，莫过于此；雨季微湿，拘谨又放肆，懂得收敛自己的脾气，掩饰心境。

破茧而出，羽化成蝶。失去的多，得到的更多。

蝶 飞

即使知道自己的眼睛是不被允许当女警的，十六岁以前的她还是希望行侠仗义。她很佩服当初的自己，无畏无惧。十六岁开始懂得了现实与梦想的冲突，转而爱上了海边的大学——厦大。魂牵梦绕，为此做出了很多疯狂的事儿，直到现在依旧为其奋斗。也许遥远，但不试怎么会知道能否到达呢？

遐　想

偶尔白日梦发作，期望自己生在古代，然后创造女帝千秋的传奇，并非野心勃勃，仅因帝王能拥有她想拥有的东西，亦可造福苍生，恩泽天下。

但那种豪情始终是一个女子所不便拥有的东西。所以，有时会希望自己是七尺男儿，大口喝酒，大块吃肉……

浅　吟

对于一个没有经历过初恋却拒绝过男生的她而言，对爱情始终充满憧憬。心中的他不必有卓然的气质，亦不用白衣翩翩，只要有颗能温暖自己的心就好。

并非那些男生不好，只是感情必须在对的时间遇上对的人才可能美好吧，都还小，来日方长。总有一天，她会牵起一个人的手说："执子与浮生对弈，此番输赢，无关天下，只为你我情缘。愿得一心人，白首不相离。"

喜　爱

　　喜好能区分人与人的不同，亦是结交知己的方式。对于一个"95前90后"的妞来说喜欢迈克尔·杰克逊很正常，喜欢文字很正常，但喜欢一些年代稍远的歌，就显得与年龄不符了——陈淑桦的《笑红尘》、李丽芬的《爱江山更爱美人》、刘德华的《上海滩》、张国荣的《当爱已成往事》……

印　象

　　花有百样红，人亦各不同。尽管每个人的审美观都是不一样的，但最根本还是一致的。漂亮，丑，胖，瘦，可爱，萌等等外在而已。

　　重点是十个人中有七个人说她傻傻的，长不大。

坚强，念旧

　　大概是她的优点，也是缺点。

真　想

关于那个橘子，她其实也就是普通到人群中完全认不出的短发女生，有"钢化玻璃娃娃"的美称，是个在读学生，一切都一般，相貌一般，故事一般，成绩也一般……

只是她希望她的文字能让人觉得不一般……嘻嘻……

那时年少，不懂岁月忧伤

我要赚钱记

杜克拉草

像我这种怀有雄心壮志但又没有足够的资金去加以实现、穷得叮当响的在校学生，脑海里无时无刻不在想着赚钱，赚大钱！

我觉得我是个极其专一的人。我记得小学经常写的一篇作文叫"我的梦想是……"从一年级到六年级，我的梦想就只有一个：我想要好多好多好多好多钱！

闺密说："你这是穷疯了的节奏吗？"

"拿破仑曾经说过，不想当老板的司机不是好厨师！不想有钱的人不是好人。"

"说人话！"

"我穷啊啊啊啊。"

为啥我会这么穷？因为小时候傻啊！

过年时亲朋好友给压岁钱，俺娘说："这么大的钱（20元、50元）小孩子是花不出去的，妈妈给你小钱去买糖。"然后我屁颠屁颠地拿着一张大钱换了几张几毛钱往小卖部跑，最重要的是连续好几年过年时我都会很开心地拿着大钱跟俺娘说："娘，这是大钱，给你，跟你换。"每每这个时候，俺娘都笑得特别灿烂！

后来稍微大点儿了看到好多同龄小朋友都捡玻璃瓶子卖钱，我见钱眼开，于是我也屁颠儿屁颠儿地加入了捡破烂的队伍。当时村里好多人都在建楼房，地上都会掉很多铁钉子，我每天无所事事地抱着盆子去捡铁钉。当我把钉子攒得足够多的时候，俺娘和蔼地跟我说："女儿呐，把这些废品放到杂物堆里让你爹明天拿去卖钱就可以到市场给你买苹果吃……"我一听是我最爱吃的苹果，又把劳动成果全部交上去了。

在我亲娘的种种"英明"领导下，我成了穷得不能再穷的穷人！

但我不能这么穷下去啊！我是个有理想还要实现理想的人啊是不是？

初一暑假，我雄心勃勃地跟俺娘说："我要去打工赚钱！"俺娘很淡定地给了我一白眼："你一小屁孩儿长这么点儿大（当时我身高一米四），哪个老板敢要你啊！别玩了啊，暑假好好学习去，把你这三年学费免了才是王道

（当时我读的是私立学校，成绩优异免学费），懂不？"

娘亲戳到了最重要的一点也是我的死穴：身高！

我第一次要打工的萌芽就在我的身高和"要学习"的口号下活活被掐死了！

青春期的娃怎么可能这么容易就臣服于父母的管教之下？父母越不让我们干啥我们就偏要干啥，这是叛逆期的一大标志啊。

中考还没结束，我就计划着长达两个多月的假期要干吗干吗。这次我绝对不能再浪费赚钱的机会了！于是乎，我死皮赖脸地黏着闺密给我介绍暑假工，然后偷偷将行李打包好，在准备去报到的前一晚雄赳赳气昂昂地跟俺娘说："我明天要去赚钱！行李都准备好了，就差您一句话的事了，您同意我要去，不同意我也一定要去！"

俺娘兴许是也明白了我这小翅膀长毛了要飞了拦也拦不住了，但依旧给了我一白眼："要去就去！"

出发那天，天朗气清。全家人目送我雄赳赳气昂昂地出发。谁知道到了目的地，工厂的负责人看了我身份证很平淡地说了一句：身份证过期了，无效。

无——效！

我的那颗心哗啦啦地碎了一地。

最主要的是，我大包小包的行李要原封不动地全部搬回去！更悲催的是，我回去的时候，大雨倾盆，我的行李包括我的人都成了落汤鸡。

雄赳赳气昂昂地出去，灰溜溜地回来，这实属是我人生的一大耻辱！第二次打工，再次宣告失败。

纵使赚钱之路曲折不前，那也不能阻挡我要赚钱的欲望！消停没几个月之后，高中一开始我就向同学搜索情报：哪里哪里能赚钱啊？

闺密说她有个朋友周末都会去发传单，一天六十元呐，前提是要有里面的会员卡。

朋友说周末去推销牛奶，一天九十元，但是人家不要人了。

……

他们说了很多诱人的工作，唯一遗憾的是：不是你干不了就是人家不要人！这世上有首歌叫《赚钱买卖》：钱钱不是你想赚，想赚就能赚。

赚钱不容易，但是我必须要赚钱呐！我说十八岁之前要拥有一部单反，高考后带着单反去旅行。我现在都十七岁半了，存钱罐里还没有一张红色的大钞，这让我情何以堪？

闺密咬着奶茶的吸管说："你要是拿到自己的第一笔钱你会用来干啥？"

"嗯……我要给俺娘买条裙子。"

"你是被你娘虐惯了吗？"

"娘亲虐我千百遍，我待老娘如初恋呐！"

我永远也忘不了我娘在我要去打工的前一晚跟我说："受不了就回来，咱不差钱。"

嗯，这稿子要是过了，娘我再大方点儿去给你买两条裙子！

噢！对了！我还没有打消赚钱的念头。我只是把如何能赚钱的方法从体力劳动转换到脑力劳动上来而已。

因为，革命尚未成功，同志我仍需赚钱！

那时年少，不懂岁月忧伤

陌　忆

1

我读三年级时，母亲有一天突然对我说道："夏夏，以后如果路过巷口陈奶奶小卖部旁边那户人家时，要躲远一点儿，他们家有个小疯子，听说把人打伤在医院住了好多天，你可千万别去惹事儿，知道吗？"

我当时正在家门口用狗尾草逗着暖阳下呼呼大睡的豆毛。豆毛是我家的一只猫咪，有纯白的毛色，可它懒得要命，一天就只知道吃喝睡，蜷在地上就像一只大毛球。我用狗尾草去挠它的鼻子，闷闷道："嗯。"

那时居住的家在这个地方最不繁华的地段，父母每天起早贪黑努力工作只是想早点儿离开那个地方。我每天要走二十五分钟的路程才能到学校。路上，我喜欢边走边踢路边的小碎石，看它蹦蹦跳跳地滚远，我就背着小熊维尼书包追着它跑。有一次，小碎石滚到那个坐在涂着绿色油漆大门前的男孩儿脚下，我有点儿好奇地打量着这个被人叫"小疯子""小神经"的男孩儿。他的年纪应该和我相仿，可是他很瘦小，身上穿着一件印有哆啦A梦卡通人物的衣服。他就那样坐在台阶上，两眼无神，有时口水会吧唧吧唧地顺着嘴角流下。其实我觉得他就是有点儿傻，很瘦，还有点儿脏。我总觉得要不是他的脚踝绑着一条铁链，很可能随时会被一阵风吹跑，遗失在一个谁也找不到的地方。

那时我嘴里咬着陈奶奶刚给我的大白兔奶糖，看他流口水的可怜模样，便塞了一颗在他手里，也不管他听不听得懂，自顾自地说："这是我最喜欢的糖果，吃了以后你不许打我。"可他只是握了握糖果又把它扔在地上，我撇嘴，捡起糖果塞进裤兜，踢着小碎石上学去了。

2

一天放学回家，看到几个男生又在欺负那个身形单薄的男孩儿，他们捡着地上的石块儿往他身上扔，嘴里还念叨着："小疯子，没人疼，小神经，爱打人……"

被打的男孩儿只是一脸呆滞，两只黑漆漆的眼里一片死寂。他咬着包着透明袋的棒棒糖，为首的男生上前一把抢过他的棒棒糖扔在地上，仰着下巴得意道："来拿呀，小疯子，来呀……"

男孩儿突然站起来，想捡起地上的棒棒糖，却因脚上绑着铁链没走几步便摔倒了。男生们笑得更欢了，把棒棒糖踢远些嬉笑着跑开了。

我是极其不喜欢那个抢棒棒糖的男生的，他在我们班里是个让老师头疼的孩子。有一次上课在我站起来回答问题时，他抽掉了我的椅子，害得我一坐下便摔倒了，还惹得全班同学哈哈大笑。因为这个原因我对趴在地上的男孩儿多了几分同情，于是跑过去捡起地上的棒棒糖，吹掉上面的尘土，递还给他："喏，给你。"

谁知男孩儿没有接我手里的棒棒糖，而是抓着我的手一口就咬上去。我一时懵住了，直到疼痛丝丝密密地从手腕间传来，才"哇"的一声甩掉他，连忙后退，看着印有几丝血水的牙印，我嘴里也骂道："小疯子，小神经……"边哭边跑回了家。

吃晚饭时母亲问我怎么两眼通红，我不敢说是被小疯子咬了，于是撒谎道下午风大，沙子吹进眼睛揉的。母亲也没太在意，拉着父亲说起了住房的事儿。

我走进自己的小房间，打开灯看着手腕上的牙印，血早已止住了，可是几个牙印还残留在上面，我抽泣了下，眼眶又红了，打开窗帘透过窗户可以看到那家门口洒出来橙黄色的灯光。我想，我再也不理那个小疯子了，不给他糖吃了。

小孩儿是特别记仇的小兽，连着好几天，我路过他家门口时都躲得远远的。他们家真奇怪，大门紧闭，却留着一个小疯子坐在台阶上，脚上还绑着一条铁链连着旁边的电线杆，听大人说是防止他发疯起来乱打人。有一些路人经过时会说"作孽呀"，好心的路人也会给他一些零食，不过老被那些调皮的孩子抢走。我有时会看到年迈的陈奶奶拄着拐杖牵着他的手叩打那个大门，嘴里念叨着："就算孩子让你们赔钱了也不该这样绑着他呀……"

虽然我每次看到男孩儿一副呆滞流口水的模样就会觉得心里有个地方闷闷的，有钝钝的疼痛感，可我一想到那天好心帮他捡棒棒糖他还咬我时，我就讨厌他。

直到有一天，再经过他家门口时，他突然发出一些细碎的声音，咿咿呀呀的，像刚学会说话的孩子。我瞄了瞄他，他的头发还是乱蓬蓬的，身上还是很脏。他看到我望向他时竟然呵呵地笑了，他的牙齿其实很洁白，不过在我看来却有点儿诡异。我站定脚步，他继续呵呵笑，口水又流了下来。他的手握成一个拳伸向我，我后退几步，不会想打我吧？

就在我转身想跑时，他又咿咿呀呀地喊了几声，我仔细一听才琢磨出他的意思，他说："给……吃……"

我转头，发现他松开的手里安静地躺着好几颗大白兔奶糖。我那个时候特馋大白兔，总缠着母亲买，可母亲总喝道不要吃零食。

我欣喜过望，想走近，却又后退几步，隔着一个人的距离，我指指他手里的糖，又指指自己，小心翼翼地问道："给我？"

他固执地重复着："给……吃……"

于是我就高兴了。其实小孩子脾气来得快去得也快。我跑到他旁边，虽然他身上的味道不好闻，但我一看到糖就什么都不顾了，撕开包装纸扔了一颗糖在嘴里，还不忘给他撕一粒，可他就拿着糖在手里把玩着，又念着："抢……不给，你……吃……"

我正想着浪费了一颗好糖，早知道就不给他了，没听清他说的话。事隔经年，当我在另一个城市读书生活时，偶尔想起这段日子，才知道原来他说的是："别人来抢我的糖都不会给的，就只想留给你吃。"

你看，他当时也不知道其实我也跟别人一样叫他"小疯子""小神经"的，也讨厌过他。可他却把最好吃的糖果留给我，执着得让人心疼。

3

那个时候我并没有觉得时间像这样过得飞快，总觉得我们都在慢吞吞地长大，就好像永不湮灭的夕阳，就像陈奶奶脸上和蔼的笑容，就像嘴里咬着的大白兔奶糖，就像豆毛睡觉的身影被夕阳的余晖渐渐拖长。

父母的工作似乎越来越忙，我放学后也不直接回家了，就跑去和小傻子说话。哦，对了，我不知道他叫什么名字，问他时他也不知道，但我不觉得他是个小疯子，他总塞给我大白兔奶糖，所以我就小傻子小傻子地叫他。

我说："小傻子，我叫半夏，知道吗？你可以叫我夏夏。"

我说："小傻子，我不喜欢上学，因为同学们总说我笨手笨脚的，不肯陪我玩。"

我说："小傻子，你为什么不说话总是傻笑呢？看起来就像个小傻子。"

我说："小傻子你不要总傻傻地被别人扔小石子，会很疼的。"

我说："小傻子，我今天看动画片了，里面有只机器猫就跟你衣服上的一样，他有好多好多宝贝，还有戴在头上就可以飞的东西，等长大了我们去找它，让它给你一个，你就不会被绑在这里了。"

那时候，有夕阳的傍晚，我总偷偷从家里的冰箱拿出一些饼干、苹果，又带着豆毛蹦蹦跳跳地去找小傻子。小傻子已经认识我了，可他不会叫我的名字，只是每当陈奶奶给他大白兔奶糖时他就会塞给我，我给他吃小熊饼干，他便呵呵地笑。有时陈奶奶会望着我们，一边不停地点头微笑一边不停地用手抹眼睛。豆毛还是那样懒，赖在我脚下睡，我拿苹果核丢它，它抬眼懒洋洋地看我一眼，又趴下睡去了。我说："小傻子，揍它。"小傻子却愣愣的，伸着手指摇摇头，我看看他又看看豆毛，一下子就乐了。

那些日子就像无云湛蓝的天幕，透明得宛如琉璃，映出我们小小的身影，衬着我们的成长微笑，凝视着我们不堪盈盈一握的年少忧伤。

4

有天，我趴在小傻子门前的台阶上折纸飞机，大门突然开了，走出来一个衣着还算艳丽的女人。她望望我又瞄了一下小傻子，对我说道："没事儿回家去吧。别以后出事儿再往我家跑，这可和我们没半点儿关系。"然后，转头对小傻子喝道："别尽给我惹事儿，不然就让你睡大街。"说完丢下我们走了。我对小傻子说道："不伤心呐，我教你放飞机吧。"

他没见过纸飞机，好奇地要将它往嘴里塞，我连忙握住他的手，他的手冰凉冰凉的，没有丝毫温度。我说："这个不能吃，你把它用力一扔，它就会飞出去。"

可是他听不懂，于是我便拉着他的手，用力往前一伸，纸飞机没有飞出多远就掉在我们脚边。我喃喃道："飞不高呢。两个人玩飞机，飞机果然飞不高呢。"

小傻子却高兴得直拍手，看到小傻子露出了傻笑的模样，我便又重复了刚才的动作。我想，不可以丢下小傻子一个人，小傻子不会飞，可终有一天我要离开这里的。那天我对小傻子说："小傻子，等我们搬家了，带你一起去，好吗？"

可他依然玩着我给他折的纸飞机，突然有风乍起，那只在小傻子手里摇摇欲坠的纸飞机最终脱离手指的控制，和着风沙飞出去好远，我想把它追回来，却正赶上一辆自行车经过，小小的纸飞机在车轮的压碾下失去了原来的模样。

我说："小傻子，我们的飞机不能飞了。"而后便莫名其妙地掉下眼泪。小傻子一看便慌了，笨拙地用手指胡乱擦着我的脸。我看他有些害怕的样子，脸上挂着泪滴却也傻傻地笑了。

我想小傻子是疼我的，就像我看他被别的孩子欺负时心里涌起的酸涩感。

5

母亲工作忙起来就不能按时给我做饭，所以每当家家户户都亮起温暖的灯火时，连陈奶奶都煮饭喂小傻子吃了，我才拉着豆毛回家等母亲回来。等母亲工作回来，我都饿得头晕眼花了。狼吞虎咽之时，母亲会摸摸我的头说："夏夏，你要乖乖学习，过不了多久我们就可以离开这个地方了，到更好的学校去读书，你还有一个更大的房间，喜不喜欢呀？"

我想说其实这里也很好的，有陈奶奶、小傻子、豆毛和大白兔奶糖，可最后还是乖乖地答道："喜欢。"

我依然在放学后跑去和小傻子玩，那时小傻子一看到我蹦跳回来的样子便乐得挥手。我总喜欢和他说一些奇奇怪怪的话，因为在学校没人爱听我讲，可小傻子却愿意听我说，我知道他听不懂，可我还是喜欢讲给他听。

一天，我和往常一样趴在小傻子身旁的台阶上折纸鹤。突然脑后的辫子被人用力一拉，我迅速回头，看到那个总欺负学生的男孩儿。他扯着我的辫子，嬉笑道："你这个呆头老是喜欢跟小疯子玩儿，你也会变成小疯子的！"我被他扯疼了，想哭却倔强地忍着。男孩儿的笑声在我耳边清晰响起，就在我想大声叫喊时，突然听见巨大的拍打声。转头，看到小傻子像只被踩着尾巴的猫，"忽"地站起不断地拍打着扯我辫子的男孩儿。男孩儿估计一时也没想到竟被一个小傻子打了，松开我的辫子恶狠狠说道："你个小疯子，我叫我爸爸去……"他竟然也哭了，可能从来没挨过这么重的拍打，话还没说完就一转身走了。

我觉得小傻子的举动真是太厉害了，不顾后脑麻麻的疼痛感，拍手夸道："小傻子，你是个小英雄！"他不知道小英雄是什么意思，可他看到我乐了，还有怒气的脸上又显出稚气的笑。

如果那时我知道我所拍手的事情竟成了他的受难日，我是不会让他拍打那个男孩儿的。我发誓，我不会的。

6

那个傍晚似乎来得有些早。夕阳西下，晚霞慢慢散去，天空中最后一抹凄艳美丽得让人窒息。

陈奶奶回老家去了，临走前，把一大包大白兔奶糖都留了下来。我装了几颗在裤兜里，把剩下的全部给了小傻子，还有我的小熊饼干。我说："小傻子，我要回家了，明天再来看你，给你带更好吃的。"

他的脸上似乎永远都是这种单调的表情，不是呆滞就是看着我一个劲儿地傻笑。此刻，他却露出一种不舍的表情，手无意识地抓着我的小熊维尼书包。我想陈奶奶回家了，小傻子又是孤单的一个人了。

可最后我还是跑回了家。跑到一半，转头看着小傻子站在台阶上微斜着身子朝小巷左右张望，口里还发着模糊不清的字眼儿。他也许是在唤谁回来呢，可是谁又可以回来陪他呢？

我的眼眶又泛红了。我想，我一定要带小傻子离开这里，我去跟妈妈说，要带小傻子一起走。

年少时许下的承诺，事隔经年后才明白那薄如蝉翼的话语，在现实面前被摧残成一幅残骸，只需时光轻轻一弹，便一切都灰飞烟灭了。

回到家，母亲竟然已经回来了。她一脸铁青地看着我，我害怕地往后退了退，豆毛在我脚下发出了不安分的喵叫声。突然，母亲一巴掌就扇在我左脸上，我一时忘了疼痛，扬着脸望向母亲，竟也没有哭。

父亲这时候刚好进门，拉着母亲的手问："做什么？怎么打孩子呀？"母亲怒气未消，咬牙切齿道："这就是你的宝贝女儿，供她吃供她穿供她生活，她还不听我的话，老跟那个小疯子一起玩儿，你想被那个小疯子打是不是？"

我的左颊很疼，口腔里有隐约的血腥味。我大声叫道："他才不是小疯子。他肯陪我玩儿，听我说话，可是你们谁有时间陪过我？总说忙是因为要住更大的房子，可我喜欢这里，我不离开这里。"

母亲似乎还想打我，被父亲阻止了，他对我说道："回房间去！"

我忍着满眼的湿意，疾步跑回房间，豆毛也跟了过来。天已经渐渐黑了，点点繁星在蓝幽幽的天幕上划出一道道金色的弧光。我倚在门边，席地而坐。抱着豆毛一个劲儿地哭。豆毛在我怀里不安分地扭动着。我的左颊很疼，可我哭的是我不能带小傻子一起离开。

这样想着时，原本寂静的巷子里隐约传来一阵凄厉的哭喊声。我迅速抬头，放下豆毛，站起身正要跑去开窗户。母亲突然打开房门，快步走在我前面，拉上窗帘，黑着一张脸说道："今晚去我房间睡！"

我侧耳聆听着外面的声音，虽然声音不大，可我的确听到了，那是哭声，是小傻子的哭声。我话还没说出口，眼泪就先跑出来了，我说："妈，那是小傻子，他在哭……"

"他哭关你什么事？！"母亲喝道，"我早就跟你说过别理那个小疯子了。今天不知又打谁了，被人家找上门，现在正被她父母教训呢！你又瞎哭什么呀？"

我惶恐地看着她，耳朵里似乎还回荡着小傻子的哭声。也不知哪里来的勇气，我转头就向门外跑去，可母亲一把拉住了我。我极力挣脱，她扬起手又要打我，父亲适时跑进来，第一次对我发脾气道："你胡闹个什么劲儿呀？！"

我不闹了，只是抽咽着，跑到小床上掩着被子倒在枕头上。大夏天的，我把被子拉至头顶，紧紧攥着，眼泪沾湿了我的枕头和头发。我听到父亲叹息一声："还是早点儿搬走的好。"

7

第二天是母亲用摩托车载我去上学的，她特地晚一个小时上班，车没有经过小巷。我知道，她怕我胡闹。不过，我还是在母亲送我到校门口又待到她离开后转身跑出了校门。

我逃课了。可我心里的不安胜过恐惧，我现在只想跑去看看小傻子。他被打没人护着，一定会很痛。平时要走二十五分钟的路程我十五分钟就到了。看到小傻子蜷缩在台阶上时，我的泪就抑制不住地一直掉。

我走近，蹲下身想叫叫他。他的脸是朝门里的，眼睛紧闭着，骨瘦如柴的手臂上有被打的痕迹，有些地方还裂了口子，沁出的血丝已经变成红斑斑的一片了。他嘴唇哆嗦着，身体抽搐着，我害怕极了，想摇醒他，却怕不小心碰到他的伤口，我哑着嗓子叫道："小傻子，小傻子……"

听到我的呼声，他原来紧闭的眼陡然睁开，有些艰难地转头看着我。当小小的我在他的瞳孔里清晰倒映出时，他的眼眶猛然涌出泪水，一手拉住我的衣角，干裂的嘴唇吐出了让我想不到的话语，他嘶声道："夏夏……疼，打……小傻子好疼……夏夏……"

那声音有多大呀？就好像一个人在幽深的峡谷里大声

叫唤时的回响，一遍一遍在我耳膜里不停歇地反复呼喊，以至于有很多个夜晚我都被这个叫声唤醒。醒来后，泪流满面。

那是小傻子第一次叫我的名字，那样的刻骨铭心。

我泪眼蒙眬地说："小傻子不要怕，我带你离开这里，我带你去看医生……吃白兔奶糖就不疼了……"我有点儿语无伦次，伸手捡起地上散落的白兔奶糖想撕一粒给他。可他一直哭着，反复喊着："奶奶……夏夏，疼……"

我想扶着他走，可他的脚踝还绑着铁链，铁链很粗，有些锈迹斑斑。我不停地扯着铁链两头，不停地拍打，甚至用牙齿去咬……但一切都是无用功，我的手拍红了，我的嘴唇也咬出了血，而铁链还是完好无损。眼泪在我脸上肆虐，我无能为力，我哭道："小傻子，铁链打不开。我不能带你走了，小傻子，怎么办？我们离不开，逃不出这个地方了……"

我干脆整个人坐在了地上，我觉得那是我流泪最多的一次，我抽噎着踢着铁链。突然一只手伸到我眼前，一颗糖在我蒙眬的眼眶中清晰。我听到小傻子含糊的呜咽声："……不哭，夏夏……给，吃……"

恍若隔世。

8

后来……似乎这是一片留白的记忆。母亲在得知我逃课后怒气冲冲地把我带走，我没有哭闹，因为在母亲来找我时，小傻子也被他父母带走了。

我不知道他要去哪里，我只能看着他的背影一直流泪。小傻子，我想，我们的希望终究如被碾碎般凋零的繁花，在一刹那被毁得面目全非，就如那个被自行车碾压过的纸飞机，始终还是飞不到我们想要去的远方。

对不起，小傻子，请原谅，这世界不存在童话。

离开之前，转身看向那个台阶，我仿佛看到了挂着拐杖的陈奶奶、一脸傻笑的小傻子、趴在台阶上折纸鹤的傻女孩儿、豆毛蜷缩的身影，还有咬在嘴里散发着甜甜奶味的大白兔奶糖。

当时光远去，当岁月不老，当似水般的年华冲淡治愈好伤痕，小傻子，请原谅那时年少不懂岁月的忧伤！

我在长沙等你来

亦 然

2013年7月，在数学老师的指引和老妈的"教唆"下，填报志愿的我选择了湖南师范大学，从此走上师范生这条路。

贫民窟与高级住宅区

师大主校区的宿舍区有四种——没有独立卫浴的江景房、配有热水器的德智园、高级小区天马学生公寓，以及去年才翻新竣工的南院。

开学前学姐和我们说，往年数计院的孩子都是住在条件极其艰苦但是距离教学楼非常近的江景房，让我们做好心理准备，不要对宿舍抱有太大的期望。所以得知数计院一改传统，将我们这群新生从江景房调往南院的时候我激动了一个晚上。刚竣工的全新寝室啊！上床下桌四人间、宽敞明亮落地窗、独立卫浴和阳台，还有一楼的澡堂，最最主要的是公寓门口有一条长长的小吃街！想想我都觉得幸福。

当我带着行李屁颠儿屁颠儿地来到南院3栋时，我的心顿时从九万里高空落到了地底下——说好的新寝呢！怎么还有一栋没有重建！院领导你们这是欺骗新生的感情你们知道吗？

上楼，开门。

上下铺八人间，剩下的两个床位放行李箱。老式的书桌，普通的窗户，水泥地上还有一条长长的裂缝儿。还好我的独立卫浴和独立阳台还在，还好我的小吃街还在，我这么安慰自己。

某日下午，室友接水时没注意，饮水机周围湿了一片。

几分钟后，响起了敲门声。

"同学，我是你们楼下的。那个，你们能用拖把把那摊水拖一下吗？我们寝室都开始滴水了。"

我看了看门口站着的那个妹子，又看了看地板上那条裂缝儿，默默地去拿起了拖把。

我们住的3栋果然是贫民窟，只有1栋2栋才是高级住宅区。

没有最挤，只有更挤

教学楼、大马路，以及各种小商店你挨着我我挨着你。作为一所没有围墙的211高校，湖师和湖大将镶嵌模式表现得淋漓尽致。

住在南院的我们每天都要坐十分钟左右的公交车到二里半开外的校区上课，途中有两个九十度的大转弯。你永远都不知道一辆公交车能装多少人，因为在你觉得挤得不行的时候，司机总能再让几名学生进入车厢。所以除了橘子洲和岳麓山外，一群妹子跟着一辆公交车奔跑也是长沙大学城一道亮丽的风景线。

教官说，305路车的司机都有一颗赛车手的心，这句话说得一点儿都没有错。无论车上有多少人，司机总会在大转弯的时候来个小漂移。你知道那种要被甩出去的感觉吗？这个feel倍儿爽。

不坐公车非好汉。如果你来到了长沙大学城，一定要坐一次305路车，不然你的大学城之旅就不完整了。嗯，上车前要小心扒手，上车后要抓好扶手。

男生稀少，国防生是宝

大学城流传着这么一句话——师大的花，湖大的草，中南的和尚满街跑。我觉得这句话总结得十分精辟。师大的男女比例为3：7，外院更是达到了1：10。体育课学交谊舞的时候老师也明确规定，女生可以和女生跳，男生不能和男生跳，要不然交谊舞准挂科。

在这个阴盛阳衰的大学，带有军人气息的国防生便成了小学妹崇拜的对象。女生节的时候有个妹子在心愿卡上写了这么一句话——我希望有个国防生男朋友。如果我是国防生，我肯定会大喊一句：

"放下那张卡片，让我来！"

可惜我不是。

2100，你值得拥有

如果在报考志愿前知道师大的体育测试有2100米这一项，我绝对不会坚持什么"专业优先"的原则。是的，你没有看错，就是那个比三个800少300的2100。所以第一个学期的前一个多月我们都是用生命在上体育课，第一个星期跑三圈，第二个星期跑四圈，第三个星期跑五圈，然后就是完整的2100米训练。一个多月折腾下来，命都少了半条。

那段时间在空间看到高中同学发说说哭诉800米体能测试的辛酸时，觉得她们弱爆了。800米算什么，自从练了2100米，腰不酸了，腿不疼了，一口气跑完800米还不带喘气儿。

你问我2100米体能测试挂了怎么办？补考呗。补考又没过怎么办？重修？NoNoNo，师大是没有重修这一说法的，只有补考补考再补考。考试不过，补考不止。补考一次二十元哦亲，女生2100米，男生2400米，国防生3000米，十二分钟及格，十分半达标。你绝对值得拥有哦亲。

黑板先生你为何那么高

作为一名师范生，写得一手好看的粉笔字是必备技能。从模仿字帖到抄写优美段落到书写例题再到根据教案写板书，练了将近两个学期，我的粉笔字写得越来越整齐。但无论我写什么，我的粉笔字作业都有一个共同点——顶部空空。原因嘛，这个只可意会不可言传。

某日，写完粉笔字的我给我娘打了个电话。

"妈我跟你说，我们的粉笔字作业已经变态到让我们根据教案写一节课的板书了，写得我手都要废了。"

"你以后也是要当老师的，提前接触适应一下也好。"

"但是你知道吗，就算写了一黑板我也写不到黑板的最顶端，上头空空的像秃顶一样。"

"……"安静了几秒之后手机的另一端传来了我娘的爆笑："哈哈哈哈！谁让你长得那么小只，哈哈哈哈。"

"讲得好像我不是你生的一样。"

"你是我捡来的，哈哈哈哈。"

黑板先生你为何长得那么高，粉笔小姐请你告诉我这是我亲妈吗？

只要专业选得好，年年期末似高考

高三最辛苦的那段日子老师告诉我们："坚持住，过了这几个月，上了大学你们就解放了。"等到自己真正成为大学生才明白，这句话和专业有着极大的关系。

以前的同学大多数都是今天三节课明天两节课，数学专业的我却和高中一样天天课满。临近期末的时候学院还会让我们集体上晚自习，有事没事的时候还要安排几个人去凑人数听听讲座，看看晚会。对于我们来说，星期五是一个星期中最幸福的一天——早上第一第二节没有课，连带着早读也不用上，我们可以在床上赖到九点钟。

没有高考压力的我们的确比"高三党"过得要舒服，但也舒服不到哪里去。因为我们有期末考，一考就是半个月，还不能挂科（更可怜的是我们专业还有期中考你知道吗）。第一个学期期末考来临时全寝室都在挑灯夜读，让我仿佛回到了高三备考的日子。有句话说得一点儿都没有错——只要专业选得好，年年期末似高考。

这真是一个天大的好消息

前些天说起中南和湖大开始装空调和热水器这件事的时候，宿管阿姨说有一个天（rèn）大（zhēn）的（nǐ）好（jiù）消（shū）息（le）要告诉我们，那就是我们要装风扇了。

嗯，这真是一个天大的好消息（让我一个人悲伤一会儿）。

我在长沙等你来

在长沙，你可以去《快乐大本营》《天天向上》等众多娱乐节目的录制现场，你也可以去橘子洲、岳王亭等众多景点领略自然风光，你也可以在周六的晚上到湘江边欣赏一场长达三十分钟的烟花盛宴。

说到这里我突然想起室友和她同学的一段对话。

"你们那儿的橘子是不是卖得特别便宜？"

"还好啊，和江苏差不多。"

"为什么啊？你们那不是有一个橘子洲吗？"

嗯，如果这么说的话我们这儿的桃子也很便宜，因为我们学校附近还有桃子湖。

好吧，最后让我"假假"地说一句："学弟学妹们，我在长沙等你来。"

卓别林和玛丽莲·梦露是天生一对

街　猫

"你姐在房间里吧？"

"嗯。你小心点儿，她现在是一根火药筒，一点就着。"小森压低声音，他左脸上有一道红色的刮痕，话音刚落，房间里就传来了君宝一百八十分贝的怒吼："宝贝，不要理他！不准跟他说话！"

哇，好大的火药味。

小森耸耸肩，转过头去继续看他的柯南了。

一进房间，我立刻被眼前这个壮观的画面吓尿了。床上、电脑桌上、沙发上、地板上，散落着数不清的白色纸张，纸张上密密麻麻写满了字，有些被撕成了几片，而君宝坐在地板中央，披散的长发和白色的睡衣使她看上去像个女鬼，我看不清她的表情，但她浑身散发着一股哀怨而暴躁的气息。

这画面太美我不敢看，但我敢拍——听到一声"咔嚓"的拍照声君宝猛地一抬头，一看到她的眼睛我就知道完了，她是真的怒了，抓起一枕头狠狠朝我扔来，我头一偏，没闪过——故意的，如果这时候闪过去了后果将不堪设想。她还是不解气，"呼"地一下站起来，走到我跟前用力地扫了我一眼，咬牙切齿地说："你跟那个小浑蛋是一伙儿的吧？！"说着一把夺过我的手机，眼神在看到照片的那一瞬间从暴戾变成带着一点儿错愕的柔顺，接着她从包里拿出自己的手机，开蓝牙把照片传了过去，然后把这张照片设为屏保。做完这一系列动作她才想起站在门口揉着生痛的脚跟的、无辜地看着她的我。

她走过来轻轻地抱了抱我，在我耳边说："乖哦，照片拍得不错，有进步。"然后吹吹我的手，柔声问我："还痛吗？"

又来这套。你踢的是我的脚，我的手怎么会痛！

原来是君宝将一篇文稿打在电脑里的时候，小森嚷着要玩游戏，君宝一直让他等一下等一下再等一下，小森等到不耐烦就跟她抢起来，结果在抢夺中不小心碰到了电源，电脑一黑，君宝的两万多字就付诸流水了。就差那么最后一段。为此她和小森打了一架，一气之下还撕了一部分原稿来发泄。现在，我和她忙活了一晚上，才用胶水把她撕碎的那部分原稿粘回来。什么叫自作孽不可活，看着君宝这张垂头丧气的脸你就知道了。粘完之后她说："算了。我实在没勇气再打一遍了。这些你要就拿走吧，不要就帮我扔垃圾桶。"

"你觉不觉得，弟弟这种生物就是老天派来考验你的忍耐极限的？问你也白问，你这个独生女怎么会懂做姐的心酸。"她把自己摔在沙发上，那个闭眼的动作进行得异常缓慢，连睫毛的颤动我都看得清清楚楚，准确地向我传达了"好累，感觉不会再爱了"的讯息。

我倒很喜欢小森那个小鬼。有次我问他喜欢什么样的女生，他说喜欢长头发的，大眼睛的，笑起来有俩酒窝的，像名侦探柯南里的小兰那样的。过了一阵子，他跟我说其实他真正喜欢的是像艾薇儿那种随时能跳起舞来的摇滚女孩儿。又过了一阵，我和君宝还有小森一起窝沙发上看了《小时代》后，小森说想去尿尿，通过石头剪刀布我被派遣陪他去厕所——不知道你看出来没有，小森是个超级胆小鬼，读初一还不敢晚上一个人去厕所，也不敢一个人在房间里睡觉。我问过君宝小森为什么这么胆小，她说是因为小森小时候经历了一些不好的事情，至于是什么事情我就不知道了。那次隔着厕所门我听到他在嘘嘘的尿声中说："宝贝，其实我内心深处最喜欢的是像南湘那样的，长发很长，穿白色裙子，白色布鞋，安安静静的，很有才华的样子。"

我突然意识到："你怎么只喜欢长头发的？"

他想也没想地脱口而出："长头发才像女孩子啊！"

又补了一句，"不过，除了你之外。"

后面那句深得我心。

初二有一段时间，他死活不肯刮胡须，说胡子拉碴的才是真男人——这句话让我和君宝差点儿笑成内伤，这个不久前才战胜了晚上一个人上厕所的恐惧但每次去都是跑着回房间的小鬼居然敢自诩"男人"！他蓄胡子的样子滑稽得很，因为他本身长得很嫩，君宝说像个幼稚版的猥琐老头。那段时间我每次见到他都会想起卓别林，一想起卓别林我就想笑，然后我就跟小森说："你应该去喜欢玛丽莲·梦露，她跟你才是天生一对。"

小森问我："玛丽莲·梦露是谁？"

我回家翻箱倒柜，又去我妈的房间翻箱倒柜，却怎么也找不到那副玛丽莲·梦露的黑白大海报了——还是说回小森的胡子吧。桐姨问他要胡子还是新出的魔音耳机，血气方刚的小森毫不犹豫地选了后者。君宝愤愤不平，骂小森是个老谋深算的小人。还说如果她妈肯帮她把格调橱窗里那条绿色小碎裙买下来，要她去剃光头也在所不辞。

哎，那条那么丁点儿布料的裙子老贵了，她念叨了一个多月，而且老派我去探看它有没有被人买走。为什么她不自己去？因为她是个典型的昼伏夜出的摩登动物，白天没有天大的事情她是不会出门的，她怕晒黑，她要窝家里美白，总之就是臭美。

我最喜欢小森的一点是，他总有办法令君宝接二连三地抓狂。我相信世界上没几个人能做到这一点，她那么淡定的一个人。欣赏她的暴跳如雷实在是一件赏心悦目的美差，她心烦的时候喜欢用双手撕扯她的长发，在阳台上走来走去，要知道，在平时，她是爱发如命的。我也不总是幸灾乐祸的，像今晚，我就挺心疼她的，因为我在她眼里看到了疲倦。但其实，我很羡慕她。羡慕她和小森打打杀杀但情比金坚的感情。她说："我的老弟只有我能欺负，别人要敢碰一下我一巴掌拍死他！"说这话的时候她眼里冒着一股狠劲儿。

我也羡慕她有一对相亲相爱的父母，他们一家人吃饭的时候总是其乐融融，他们甚至会一起玩真心话大冒险。我永远也忘不了我在场的那一次，桐叔，也就是她爸爸，抽到的真心话是：你有出过轨吗？当时我的眼睛肯定是猛地收缩了一下，这话题太劲爆了！我以为桐叔会打岔蒙混过去，但是他没有。桐姨看着电视机，桐叔看着桐姨的侧脸，电视机在播着歪歪腻腻的肥皂剧，桐叔的声音听起来晕乎乎的，他说："男人老狗没什么不能说的。我敢说，我没有。刚来城那几年挺艰难的，压力又大，我是差点儿……到底是差了点儿啊！那天晚上你给我打电话说小森发烧了，在电话那头哭着说'爸爸，我头好痛好辛苦'，我就什么念头都没有了，一心赚钱盼着早点儿把你们娘儿几个接来。之后跟那个女人没有再联系过。这么多年了我也不知道你心里还有没有芥蒂……"

少年的你是迎风展翅的雏鹰

我看到桐姨的眼眶有点儿红。桐叔仰头喝了一口酒，晕乎乎地笑着说："老婆，我这个人对诱惑没什么抵抗力，你要看好你老公啊！"桐姨转过身来夹了一块鸡肉塞进他嘴里，语气嗔怪又难掩笑意："快吃你的吧，在小孩子面前整这些有的没的，不害臊！"

君宝抱着桐叔的头响亮地亲了一口，说："老爸，好样的！"小森也亲了一口桐姨，说："老妈，你要帮我们看好老爸哦。"

承认吧，那一刻，我的心无限落寞。我想马上回到我的房间，把灯泡拧下来抱着我的可乐睡觉。

我已经很久没见过我爸了。上一次见的时候是他们离婚的那晚，他摸着我额前的头发说："要听妈妈的话，知道吗？晚上不要熬太多夜，熬夜会让女孩子变丑的，知道吗？嗯？对了冰箱有个爸爸今天做的蛋糕，你记得吃。爸爸走了。"

我问他："你不要我和妈妈，跟那个女人好，是因为爱情吗？"

他说："是。"

我又问他："那你之前跟妈妈结婚，是因为爱情吗？"

他说："是。"

我说："既然你不要我，我也不要跟你姓了，我要跟妈妈姓，以后我叫宝贝，你不能叫。"

他笑了："这个名字好，宝贝。明明是你要跟妈妈一块住的，你还赖我，你要想跟我，我马上带你走。"

我说："我才不要跟你这个坏蛋走。"

小时候我看过几部卓别林的黑白喜剧，还看过一部玛丽莲·梦露的《愿嫁金龟婿》。不知为什么，从那时起我的脑子里就被植入了一个荒谬的印象，以为卓别林和玛丽莲·梦露是天生一对。我在我妈房间里看到过一幅玛丽莲·梦露的黑白大海报，很旧了的，海报上梦露翘着屁股捂着裙子眼神妩媚，的确是一个绝代风华的尤物。我妈告诉我，这幅海报是我爸在追她的时候送给她的。当时还有一个有钱公子在追我妈，我妈犹豫不决。有一次逛街的时候经过一家音像店，我妈指着墙上的大海报说玛丽莲·梦露是她的偶像。过了差不多半个月吧，一个凌晨，我爸喝得醉醺醺地来敲我妈的房间门，门一打开，我爸把一张卷起来的海报——正是街角音像店的那张，往我妈手里一塞，说了一句："献给你，我的玛丽莲·梦露。"我妈就晕了过去。

就因为这件事，我妈选了我爸。

这个故事在我眼里浪漫得无药可救。我深深地相信他们之间是存在真正的爱情的，不管他们怎么争吵如何矛盾，他们都会白头偕老的。

在我的成长过程中，我产生了无数次诸如"卓别林和玛丽莲·梦露是天生一对"此类的错觉。我以为风筝和感冒就是春天。我以为热汗和大海就是夏天。我以为落叶和伤感就是秋天。我以为棉被和新年就是冬天。我以为狗吠和车啸就是失眠。我以为电影和音乐就是文艺。我以为飞机和超速就是远方。我以为眼泪和疼痛就是成长。我以为亢奋和激情就是梦想。我以为纯真和尊严就是代价。我以为直觉和胃痛就是爱情。我以为疯狂和麻烦就是青春。

　　而此刻，我以为如果我睡着了，我就会错过一条重要的短信。

就让那些故事成为泡沫

杜克拉草

1

学校又被拿来当考场。顾川川极其不情愿地拿着不知名的电子检测仪扫视着考生，心里打着不为人知的算盘：早知道当中考志愿者这么无聊又不划算，我就该去打工，三天少说能赚一百五呢！

"姐，回家吧。爸妈都很想你。"一声"姐"把顾川川飘在远方的思绪拉了回来。

"小宇，你怎么在这儿？"顾川川忽然想到了什么，"对噢，你今年中考了。姐姐差点儿忘了。等下加油好好考。"

"姐，你都半年没回家了，就不想回去看看吗？我们都很想你。"顾宇航停了一下，"还有，爸爸下个月要结婚了。"

顾川川别过脸："他们不是我爸妈！算了，先去考试吧。下一个！"

顾宇航咬了咬嘴唇，让开了过道。

"请监考老师发放答题卡，请考生填好答题卡上的相关信息……"广播里机械般的女声响起，顾川川上交了电子检测仪后一个人躺到了草坪上。

"不完整的家还算是家吗？我该回去吗？我想他们吗？"顾川川使劲儿地晃了晃头。

2

时间退回到半年前。

顾川川的父母都很严肃地看着她和顾宇航，"川川，小宇，如果爸妈离婚了，你们决定跟谁？"

顾川川盯着他们的脸看了好久，从牙缝儿里逼出一句话："我谁都不跟。你们如果离婚了，我不会还叫你们爸妈！"

顾川川希望能以此来拴住他们的婚姻，却不知道这并没有起多大的效果。

自父母离婚后顾川川就再也没回过家，半年了一直坚持着住校，不接受父母的生活费。开始的时候她穷得每餐只吃方便面，咬咬牙坚持了半个月。后来不管刮风下雨，一到周末她都一定会去打工，她发过传单、推销过牛奶、当过临时服务员……父母不是没来找过她，只是每次不是顾川川避而不见就是以吵架终了。

顾川川曾经在他们离婚前见过妈妈看着他们的结婚照落泪。她看得出来，妈妈并非不爱爸爸。所以顾川川曾经大声质问过妈妈："你还爱着他你为什么不挽留？！""川川，你现在还不懂，以后你大了会慢慢体会到的。"妈妈平静地说道。"我什么都不懂，我只知道因为你的仁慈我成了没爸爸疼的孩子！"顾川川砸门而去。

每当顾川川想起这件事的时候总有两个小人在她脑海里。一个说："不能回去，因为她你才成这样子的！你不能就这样饶恕她！"另一个说："回去看看吧，你知道她并没有错。"

对，顾川川心里明白，妈妈并没有错。只是顾川川不想承认这个事实罢了，她需要为她的骄傲找一个冠冕堂皇的借口。

3

"美丽的泡沫，像盛开过的花火，你所有承诺……"这个手机铃声好久没有这么急促地响过了。她知道是谁，这是妈妈的专属铃声。顾川川想了想，还是按了接听键：

"喂……"

"姐……"距离上次听到"姐"已经过去一个星期了，电话里顾宇航的声音比以前还要沙哑，"妈收拾你房间的时候不小心摔倒了，你回来看看吧……"

"我……"顾川川刚开口想要说什么，顾宇航打断了她："姐，不要再任性了，回来吧。"

顾宇航的声音显得有些疲惫。顾川川忽然觉得心疼了，已经有好久没听到小宇那爽朗的笑声了。

"好，姐答应你，周末就回家。"按掉挂机键，顾川川又播了一个号码，"喂，阿木，我们分手吧。"挂机，她如释重负地笑了。

4

顾川川喜欢阿木。

在那天之前很喜欢很喜欢。

那天，顾川川套着Micky Mouse在路边发传单的时候看到了阿木，他牵着一个女生的手。顾川川不傻，她能看得出他们的关系非同一般。

那天之后顾川川一直在等一个解释，可那个解释迟迟没有来，于是她拨通了他的号码提出了分手。

阿木是个很开朗的男生。在顾川川父母离婚后的那一段死寂般的时光里，是阿木给她的生活带来了阳光。阿木很会逗女生笑，也不知道他从哪学来的那么多花样逗女生开心。顾川川能那么快就开始打工这其中阿木功不可没。

"阿木，谢谢你这段日子里为我所做的一切。祝你幸福。——顾川川"

按下发送键，顾川川舒了口气。她终于明白母亲半年前的选择，不爱我的人，挽留似乎没有多大的意义。

其实并非是阿木没有给她解释，好几次见面阿木想开口说些什么的时候顾川川都打断了他。顾川川还没有准备好去面对这一切，所以她选择了逃避。

"回家吧，川川。"发件人：阿木。

5

顾川川将钥匙插进门锁，听着钥匙扭转的声音，她忽然觉得不知道怎么去面对妈妈了。"咔嗒"，门理所当然地开了。顾川川推开门看到那一桌全是她爱吃的菜和坐在沙发上的妈妈，忽然觉得喉咙有些干涩，妈妈比以前更消瘦了。

"妈……"半年了，顾川川从没说过这个字，忽然觉得有些生疏。

其实顾川川早就不再怪妈妈了。不然她也不会偷偷躲在角落只为了看妈妈一眼；不然她不会看到妈妈买了一大堆东西给她舍友，拜托舍友用自己的名义来跟她共享那些吃的用的而没有直接去戳穿她；不然她不会莫名其妙在床上捡到钱而默默把钱收起来放好；不然她也不会那么快就可以打工……不然阿木也不会莫名其妙地出现，也不会回了她那条信息。

这些顾川川都知道，她不怪妈妈，妈妈在这半年来一直在用各种方式关心着她。只是她并不知道，因为她的骄傲，她让妈妈这半年一直活在自责里。

对不起。顾川川用手机发了条信息，收件人是妈妈。

6

顾川川跟顾宇航去参加了爸爸的再婚婚礼。在那里，她看到了阿木。阿木对着她爸爸喊：叔叔。顾宇航喊阿木为木哥。顾川川似乎明白了一切。

阿木的的确确曾经喜欢过顾川川，在阿木知道顾川川是继父的女儿之前。顾川川这次没有看出来，那个女生，只不过是一场戏。

7

"顾宇航，你找死是不是？居然敢抢姐的红烧肉！"顾川川一巴掌拍下顾宇航筷子上的红烧肉，以光速将其丢入口中得意地看着顾宇航那委屈的小脸蛋。

"顾川川，你这么野蛮小心成剩女！"

"没事，有你养着我呢是不是？"顾川川虎视眈眈地看着他。

"嗯……"顾宇航发出这个字的时候顾川川明显听到了牙齿打架的声音。

"发烧"的暑假

晨小曦

夏天总是喜欢下雨，可是我最讨厌下雨前黑压压的天空，沉闷的空气总是搞砸我的心情。拉上窗帘，无视天气变化，我从冰箱里拿出一个西瓜，打开电脑看起美剧。

暑假过了一大半，我每天都这么堕落地浪费着时间，刚放假计划好的学习英语和数学的时间全被一次次的借口推过去了，直到后来，都不用借口了，直接忽略。

顺手拿起手机，看到微信五条信息。

"死女人，你是死在家里了吗？"

"你快刷刷朋友圈，哎呀，那个魏眉眉每天都在刷屏！"

"像东南亚这些给点钱签证就下来的地方，她到底有什么好炫耀的！"

"有本事给老娘去美国溜达溜达啊！"

"自拍照都不知道P过几千几百次了吧！"

呃，这个凶巴巴的陈怡洁，说出来的话总是杀死人不偿命。

可是她也是我的首席闺密，所以我的耳朵每天都要接受她说个不停的嘴吐出来的象牙的洗礼。

刷了一下朋友圈，真的是被刷屏了呢，吃根热狗都发照片，是中国没热狗吃吗？

空调坏的那天，我终于决定出洞。我给陈怡洁打电话说我想出去逛逛的时候，陈怡洁激动得啊非要来我家接我。

刚巧遇上商场打折，带出来的五百块全花光的时候，我有点儿后悔出来了。苍天啊，这是我存了一个暑假的钱啊！

陈怡洁这个土豪竟然是拿着卡出来的，一路狂刷，两手都是购物袋。

在我买了一条四叶草手链分毛不剩之后，陈怡洁这个土豪拉着我进了必胜客，把购物袋往座位上一丢，特豪迈地对我说："别客气，姐姐请客。"

妹妹我真的不会客气的！

将餐桌席卷而光的时候，内心的PS是——这个世界最幸福的事就是大逛一场后再大吃一顿。

表姐婚礼的前一个晚上，我拿出了高一开学初因为学校活动需要买的那件小礼服，只穿了那一个晚上后就一直压箱底。

我看着小礼服，心情兴奋啊，终于又可以穿出来招摇招摇了，当初买的时候可贵了，一直找不到场合穿呢。

我现在先试穿一下吧。

晕，小了！

江小嘉啊，高一这一年你到底吃了什么？长肉的速度为什么如此之快？

庆幸的是，挤挤还是能穿进去的。

夜宵时间我拒绝了陈怡洁的盛情邀请，我要减肥！

因为饿，我早早就爬上床睡大觉了。

第二天，我早早就起床梳妆打扮了，悄悄地抹了妈妈的BB霜，哈哈！饿一个晚上，第二天穿小礼服的时候容易好多了呢！不过呢，还是微紧……

虽然只是穿着坡跟鞋，但我走起路来还是东倒西歪的，极其不自然，妈妈一直取笑我。

不过，表姐的婚礼真的好美好幸福啊！中间有一段，阿姨和表姐一直哭，妈妈也满眼泪水，搂着我的肩膀说："宝贝，你要是嫁人了，妈妈怎么办啊？"

然后我也差点儿哭了。后来阿姨又笑得合不拢嘴，嫁女儿真是一件复杂的事，又哭又笑的。

可是看得出来，表姐夫是很疼表姐的，祝表姐永远幸福！

徐高浩约我去"咖啡时间"坐坐的时候，我正在玩"英雄联盟"，满嘴粗话，看到手机屏幕上"男神"两个字的时候瞬间石化，上一秒还是女汉子，下一秒立马温柔如水："喂——"

好吧，我自己也鄙视我自己。这种事千万别被陈怡洁知道，够吐槽我半年了。

出门见男神是高强度的任务，我换了好多套衣服，终于明白了胖子穿啥都一样。哭！

折腾了半小时，终于可以见人了。看着门前鞋架上的坡跟，想了好久还是乖乖穿起了帆布鞋。心里一直告诉自己，做自己就好，做自己就好。

谁知道到了"咖啡时间"，除了徐高浩，还有好多人，陈怡洁也在其中。我坐在陈怡洁旁边掐她大腿："为什么你也来了，干吗不给我打电话？"

"老娘还不是给你和你男神说话的机会，有你这么感恩的吗？"陈怡洁摸着她的大腿龇牙咧嘴暗骂。

"我以为只有我和他呢……"低低的声音，几乎被淹没。

"唉，乖，顺顺毛，会有机会的。"陈怡洁像摸着她家的狗一样摸着我的头。

"滚！"

……

妈妈生日那天，我给妈妈订了玫瑰花，寄给她单位那边的。

妈妈给我打电话，带着感动的鼻音："闺女，妈妈收到花了，love you！"

"love you too啦，别太感动，以后有钱给你买九百九十九朵好不好？到时候再慢慢感动啦。哈哈！"

"就你最能说。"

"晚上和爸爸的烛光晚餐吃得久一点儿，晚点儿回来，10点之前，我都会把门反锁着啦。"

……

亲爱的母上大人，您一定要非常非常幸福，和老爸永远甜甜蜜蜜的，闺女永远爱你，么么哒。

因为所以，却不是因果关系

西　沐

　　晴天，午后，奶茶店。修长的食指和圆润的拇指捏着一根吸管轻轻地搅拌，陆合打心眼儿里鄙视这孩子的虚伪。"不减肥的人生是不完整的。"说完这句话，叶安之就张开血盆大口咬了一口手上的鸡腿。"这就是你的完整？"陆合见怪不怪地反问。叶安之听到马上加紧速度消灭手上的食物。"合子，姐失恋了。"说完不待陆合有所反应就迈开腿跑了出去。

　　陆合看到走近的服务员，结账。扫了一眼桌上的残骸，再顺便看了看结束工作的帅气服务员和旁边的女生有说有笑，三分之二的侧脸和着阳光的确很温暖，再想到叶安之跑出门前幽怨的眼神，推开玻璃门准备离开的时候，合子还是很帮亲地瞪了一眼负心汉。当事人觉得很奇怪，复而又想起女生的朋友曾皱着鼻子质问他："明明是奶茶店，还搞什么副业卖烧烤。"说完很不情愿地翻遍所有的口袋凑钱买单。一开始他以为是食物做得不好吃，还想着晚上要跟爸爸提一下，后来看到她的动作，便觉得好笑。真的是可爱的女孩儿呀。

叶安之坐在桥边的狮子座下，抬腕看表，数数合子还要多久才会追过来。或许是阳光太过慵懒，也或许是眼之所见太过热闹，又或许是今天靠着的石狮特别可爱，叶安之不小心就回忆起她们初相识的时候。

人声鼎沸的中午食堂，叶安之因为等了五分钟而发狂。在打饭的哥哥接过自己的餐盒时狠狠地瞪了一眼，又因为后序打菜耽误了时间眼睛不停地发刀子。接过打好的饭菜时工作者礼貌地交际了一下："对不起哦。"叶安之一听火把就噌噌地燃了，凶神恶煞地吼道："不值得原谅！"听有关人士透露，叶安之这个脾气暴躁的姑娘把人家大好未婚青年吓得从此不敢勾引女孩子。当然，传说中的相关人士就是陆合。当时陆合正在食堂帮忙打饭，可能是叶安之的表情太过狰狞，吓得人家初涉餐饮事业的姑娘一哆嗦，全撒在旁边笑得不怀好意的大叔身上，赶巧那大叔又是个关爱祖国花朵位高权重的负责人，于是二话不说就把她给炒了。

回忆到这里戛然而止，叶安之看到陆合远远地逆光而来。性格冷漠的人格外地对自己关怀备至，叶安之的心情就像空气中的温度一样，泛着热烈的光泽。

英语课上，老师走进来，站好："我来把60分及以上的报一下。"班里一片哗然，这是一个多么令人羞愧的临界点啊。叶安之把头低到书本以下，扯扯陆合的袖子示意对方靠过来："我猜老师一定很悲愤。"陆合把身子移回座位端庄坐好。"相比于百分制也不及格的状况来说，我想某人应该更悲。"说完，扬起手中的60分大字的试卷，瞟着叶安之的59，眼里尽是不怀好意。叶安之笑着说："呵，怎么着，五十步笑百步吗？"陆合挑眉："No，这是云泥之别，老师眼光好，一下就划出人神妖魔。"叶安之很想在那一口白闪闪的牙齿上泼硫酸。

"合子，你这名字太难听了。"叶安之含着牛奶含糊不清地说，"老实说，你是不是你爹娘捡来的？"后面一句陆合听得特别清，也特别配合地咬牙切齿道："是，就你是阳春白雪，别人都是下里巴人。"叶安之一听乐了，一双油乎乎的爪子揽过陆合就抱："那是，姐小清新着呢。"陆合比不过她的厚脸皮，只能凉凉地反驳："《死了都要爱》的小清新啊。"叶安之收集的无病呻吟专辑中特别出彩就是这一张。被触到痛觉了，叶安之顿失元气地倒在陆合身上，轻启朱唇，呵气如兰地吐了两个字："讨厌。"受不了跨度如此大的陆合小姑娘浑身上下被雷了个外焦里嫩。

沉默半晌，陆合出声："叶子，说说你失恋的事。"叶安之正惊喜于陆合百年一遇的主动，听到问题后又缩了缩身子，闷闷地说："没什么事，就那样了。"陆合知道她不愿言明，却一改善解人意的良好形象打算追问："那样？哪样？跑掉，然后让我替你报仇？"叶安之还没回答，又听到声音在头顶盘旋："不过，我或许真的做到了。"叶安之怀疑自己幻听了，爬起来无辜地反问："什么？""离开前我狠狠地看了他一眼，之后他就低头反省去了。"陆合摸摸她的头发。"那算什么报仇嘛？"叶安之皱皱鼻子，表示对陆合的眼神嗤之以鼻。随即反应过来，跳起来："啊啊啊啊，你干什么像摸小狗一样摸我。我可是女王气场啊，你怎么敢？"

"从来没听你提过，所以不清楚你是不是真的不在意。不喜欢你一个人大包大揽许多事情，所以我不确定地追问。仗着你对我的善良，想要让你对我全心信赖。"

"合子，你说我们是怎么认识的？""你敲诈我，然后包养我。""好像是啊，果真是一针见血的总结。"

叶安之后来才知道陆合间接地因为自己失业后，就通过各种途径联系到了当事人打算赔偿，哪知当事人一副无所谓的样子，这让叶安之的女侠心碎了一地，原本打算替她找回工作的热情就变质成压榨陆合微薄的工资。海吃一顿后的好几天内陆合一见到叶安之就维持那个杀人偿命欠债还钱的表情。在叶安之死缠烂打的疲劳轰炸下，陆合终于勉勉强强接受了这个朋友。不过更重要的原因是叶安之充满人道主义的饭卡援助。用叶安之的话说就是："合子，你学不来陶诗人，你还是为了三餐饭折腰。"这一切离奇曲折的过往，陆合总是用一句话对叶安之总结："还不是你死乞白赖地要对我负责。"

自始至终，陆合都没有问过叶安之为什么会枉顾自己拒人于千里的表情和自己做朋友。叶安之也没有问过陆合为什么会允许自己的生活中介入她。这世上有那么多的因为所以，却不全是因果联系的逻辑。正好遇上了，愿意让你参与。

"合子，我刚刚看了一句话，'春风十里不如你'。"

"你就是想对我说吧？"

"就当是吧。要不我们一直这样吧。"

"我不愿将就你。"

"喂，陆合子，是我嫌弃你的好吧。"

我没有嫌弃你。最好的你，值得最明媚的未来。我一直坚信。

守望天堂的时光

苏 蒿

暮色四合，整条甬道被浸染成了暖暖的颜色。晚风轻轻地吹，鼻尖依稀闻到熟悉的蒜汁香味。我远远地便看见他回来了，肩上骑着他现在的小女儿，手里提着熟食袋，嘴里哼着轻快的童谣。

我突然感觉鼻子一酸，心里不自觉地难过起来。见他走近，却又微微地小声喊："爸。"

听到喊声，他有些诧异地看过来，知道是我，憨憨地说："是小蒿啊。"随即放下肩上的小女孩儿，招呼着她喊我姐姐。女孩儿明显怕我，遮遮掩掩又躲到他身后。他尴尬地解释说："别介意啊，小孩子怕生。"

我抿嘴一笑，眼神投到他身上，说："爸，我过来是想和你说一声，我和我妈就要搬去外地了。"

"啊？"他停下和小女儿玩耍的动作，抬头看我，

"怎么这么突然，那岂不是以后都见不到你了。"

然后，在满眼的夕阳中，我悄悄地红了眼圈儿，眼角开始有了冰凉的触感。我说："爸，我好想你。"

六年前，他还未和我妈离婚的时候，我也曾经和他这样幸福过。每天清晨一起去公园散步，他会偷偷摘一朵花插在我的马尾上。他会骑着那辆锈迹斑驳的自行车接送我上下学，跟认识的人说我是他最乖最听话的女儿。他也会毫无顾忌地将我骑在他的肩膀上，摇着我的小腿到街口买我爱吃的豆腐干，再三嘱咐老板要均匀地洒上金黄的蒜汁。

可是那些身影都已模糊了，它们就像被打湿了的水彩画，色彩开始混淆，轮廓开始模糊，到最后只剩下黑乎乎的一团，无法辨认它最初的模样。

他和我妈离婚的那个黄昏，夕阳很安静地照在长街上。

我放学回家，他宠溺地接过我的书包，然后像往常一样将我放到他的肩膀上，带我到街口买豆腐干。在回家的路上他问我："小蒿，假若有一天爸爸不在你身边了，你还会像现在这样快乐吗？"

那时的我还只是小孩子，在他的肩膀上咯咯地笑起来："就算你不在我身边了，我也会很快乐的。"

殊不知，那样的话就好比誓言，在以后的岁月里就算真的不快乐，也要假装很快乐。尽管想念，也无法尽数向他表达。

那天他只提了简单的行李就出了家门。我问他："爸爸你去哪儿呀？"

他蹲下身来轻轻地抱我，在我耳边带着不算明显的哭腔说："小蒿，你要好好过。"然后他就走了，脚步匆忙急促，如同逃离一般。

在妈妈说"他早已经有了另外一个家"之后我才恍然醒悟过来，追着他大声地哭喊，哀求他回家。他却在前面跑起来，一边跑一边回头冲我大声喊："蒿儿，你回家，跟着你妈过，回家！"最终，我眼睁睁看着他离开，却无法开口向他说："爸爸，请为了我，留下来。"

当年那段歇斯底里的哭泣与拼尽全力的奔跑后来常常令我十分心疼我自己。我在那段奔跑中，丢了一只拖鞋，丢了一个父亲，丢了一个家，也丢了一段天堂般的时光。

后来，他便不在我身边了，他拥有了另外一个家，许多年前与我玩耍的游戏也用在了另一个小孩儿身上。他将与我相互依赖的那段时光轻易地撇在记忆的一角，脱身之后就再无挂念。

我在他离开后的第二年便背着我妈找到了他后来的住址，每天放学后都会到那里等他下班回家，躲在他看不见的地方看他停放好单车，然后拿过车篮里的青菜走进楼道。许多日子过去，我看着他有了新的小孩儿，看着他一如以前让小孩儿骑在他的肩膀上，也看着那个小孩儿渐渐地学会了叫他爸爸。

他再不是我一个人的爸爸了，已经有另一个小孩儿与我分享了他。或者说，独享了他。

我一个人默默地守望了许多时光，我以为有一日他会重新归来，殊不知，时光将他越带越远，就算是花上一辈子的时间也走不回来了。

搬去外地是我的决定。我明白了面对那些不属于自己的东西，要学会宽容。我对我妈说："那段守望的时光，就当是从别人生命里借来的岁月，他可以撤开，我们也可以。"然后，我妈便不再言语，起身背着我悄悄地掉眼泪。

夜色终于重重地压下来，我已经看不清他的脸。黑暗中他低低地开口，声音带着与多年前他离开我那日一样的哭腔，说："小蒿，你要好好过。"然后他牵着他的小孩儿从我身边走过。

我低头久久地不说话，在他走得已经很远的时候转过身大声地喊他："爸！"这突然令我想起那年他离开我的那一天，而这一次我没有选择追上去，他也选择了停住脚步回过头来看我，眼睛如同光亮的萤火虫，我知道他也哭了。

我笑着大声说："爸爸，从今以后我要过我自己的生活了，你要快乐，我也会很快乐的。"

1234567，老爸我爱你

姚晨飞

1

其实我特别想告诉你，在我认识的所有人中，包括我自己，你的号码是我唯一一个能百分之百肯定没有记错的。但是抱歉，我一直不敢告诉你。

2

我曾经一直以为自己不爱你，但是有一天，我梦见你走了。梦里我和我最好的朋友在学校门前放风筝。我向前跑着，手里牵着风筝，悲伤地告诉朋友你走了。跑着跑着梦就醒了，我躺在床上，眼角处是泪水，心跳得异常快，还带着浓重的恐惧和悲痛。

我跑下床偷偷地去看了你。你还打着响雷般的鼾声熟睡着，我不自觉笑了。才知觉，对你的爱，一直都有。只不过，藏得太深，太不容易被发现。

3

初三下半年，我疯了似的学习。每天不足六小时的睡眠，追着老师屁股跑，日日和月亮一起回家。跑八百米跑到自己衣衫全湿。那是我迄今为止十年读书中学习最狠的一次。我告诉同学说，我不想让自己后悔。而实际上，我只是不希望你拿出那一万五千块钱择校费。钱不多，但我知道，每一分都来之不易。

4

忘了哪一次月假回家，我和你一起从楼下往家搬水，一共四箱。你两箱，我两箱。上楼的时候，我先到的家，你在后面呼哧呼哧地上来，我看着你费力地走着。什么时候，我超过了你，走到你的前面？

我知道，我的成长，是以你的衰老为代价而换来的。

5

那天，我拉着你和我比个儿。镜子里的我比你高出了一小段。我高兴又惆怅。高兴自己减肥个儿没减。也惆怅着……你看你，这么矮，这么轻易就被我撵了过去。

6

自从知道，打呼噜会引起窒息导致死亡后？每次听到你的呼噜，我都心惊胆战。有时候一个间隔稍长了些，我便准备好冲下床去掐你的人中，顺便拨打120，庆幸的是，至今我还没掐过一次你人中，打过一次120。希望你再接再厉，这辈子都别让我有这个机会。

7

我们都不是擅于表达情感的人。小时候你严肃，我畏惧你。如今你出差，我住宿学校。见面的机会少之又少，哪里有时间来交流。可是我想，就算真的给了我们时间，我们除了各做各的事，也不会有其他的话了吧。这是十五年养成的沟壑，我不打算去跨越。因为我知道，这沟壑虽深，但里面总有爱在填充着。

嘿，姚喜峰。让我在这个既不是父亲节也不是你生日的不太有纪念意义的日子里，说句不太有纪念意义的话。

8

老爸，我爱你。

便是人间好时节

高中，高中，你让我情何以堪

黄耿新

考完语文才10点半，留在学校吧，觉得这地方没法让我安心停留；回父母那里吧，又见不得他们询问我考得如何……在迷茫半天后摸摸口袋发现有家里的钥匙，便一锤定音骑着那辆破单车屁颠儿屁颠儿往家里赶。一想到月考结束后还要读三天书才有可怜的周末，就又被挫败了。

我告诉自己，你是个高中生了。可我又不知道一个合格的高中生是怎么样的。初一那会儿有幸混进了文学社，当了个小编辑，有事没事改改稿子。社长是名圆圆胖胖的高二男生，上台讲话、策划活动、与校领导周旋、出版刊物，将成立尚不足一年的社团一步步带入正轨。那一年我在与他的接触中，几乎就是把他当作大人来看待了。而如今我这个高中生每天却都带着死猪不怕开水烫的慵懒眼神面对课堂，脑袋里装着稀奇古怪、天真幼稚的幻想，不擅交际性格闷骚。我至少应该是要成熟的，我想。但我转眼就忘了。校园里黑压压的一群学生，或穿校服，或穿休闲装，背着漂亮的书包三五成群，而我就骑着那辆陪了我几年的破单车屁颠儿屁颠儿穿梭而过。

一下子忘记了自己该做什么。

几个月前买的《白鹿原》在上个星期终于被我跌跌撞撞地看完了。看完之后我就寻思着该找下一本书了，可一想到买书是一件高资金消耗的事，而自己的荷包又薄得可怜，便只好作罢。我在教室里重新翻开《白鹿原》的第一页，没一会儿就听到前面一个女生大呼小叫道："他居然重新看了！我昨天才看见他在读大结局！今天居然又从头看起了！"我一时语塞，不知该怎样回答那女生的话。

而说到高中生的学习，我确实像极了一头不怕开水烫的死猪：英语不知从何学起，数学又没心思面对，仗着语文从小底子好，每天明目张胆地把语文课固定用来睡觉……最终，成绩一落千丈。但我丝毫没有危机感，总觉得能在最后关头力挽狂澜，也许这也是其他悠闲的高中生的天真想法吧。母亲不忍直接戳我的伤口，一有时机，她便轻言轻语地告诫我要有出息，而父亲乐于在一旁起哄："小子！考不上的话就随我到厂子里打铁，这叫子承父业嘛！"他一向对我的学业抱着无所谓的态度，但是私底下，他却自豪地对其他孩子的父亲宣称："这叫作激将法！"

便是人间好时节

我想我需要什么东西来鼓励我，例如大学。于是我上网把众多重点大学都浏览了个遍，以求得发奋图强的动力。我想这至少能让我有一个奋斗目标——我也应该要享受属于我的大学生活，我也要做个能离开家乡到遥远的远方求学的大男生。我回忆起小学六年级的时候，班主任声嘶力竭地向我们喊："小升初是你们人生的一个重要转折点，你们要向重点初中看齐！"那时候大家对九年义务教育还不懂，吓得每个人真的都以为那是一场关乎生死的考试。到了初三，班主任同样用不容置疑的语气向我们一遍又一遍地灌输中考的重要性，我们于是又卖力地奋斗起来。现在回想起来，倒觉得好笑，但也真实。而明年，我就高三了。

每天早晨，当母亲喊我起床吃饭，而我迷迷糊糊地睁开双眼蜷缩在温暖的被子里打算再挣扎几分钟的时候，尚未清醒的脑袋总会冒出一句话："今天要过去了。"我刷牙洗脸吃完泡着地瓜的粥后，往那个磨得老旧的水壶里倒满了热水，然后背上书包到街口等待一位一同上学的朋友，路上和他拌拌嘴互相挖苦下对方，接着挤进人满为患的学校……每天的日子循规蹈矩平淡如水，我便不在意去记住什么，去思考什么。一天就这么下来，时间以跳跃的方式踹了我脑门一脚又一脚，直到把我踹进被窝。然后在第二天，母亲又喊我起床，我又嘀咕着同一句话——今天要过去了。

便是人间好时节

小太爷

我不是故意闯男厕所的

当时的情况是——一个工人师傅正抱着六中活像大猩猩的大门——六中为了跟园林级学校贴点儿边儿，愣是把校门建得像动物园一样——另半边门像另一只大猩猩站在下面晃，晃得陈汇心发慌。

陈姑娘想：这六中，真的就要拆了？好多地方我还没去过呢！

比如，男厕所。

陈汇看了看天色，目测时辰尚早，于是转身上马，一骑绝尘就冲进了六中。她先是装着旅游观光的样子转了几圈拍了几张，然后脚下就开始慢慢地往男厕所大门挪——

六中设施古旧，全教学楼就那么一个厕所。陈姑娘挪到门口，放下打掩护的手机，冲里面探头探脑地喊："有人没得？"

半晌无声。

陈姑娘回头环视见左右无人一个箭步就冲了进去……

她探索着周围的一切，仰天长笑。而后拍下数张周围景观以作留念。她暗忖：这要是二十年后再同学聚会什么的，我这可算是秘密武器啊。

她准备撤退，可意外就在这时发生了。

就在她一脚踏出男厕所门口的时候，一个外表看起来一定是个男生的人与她擦肩而过。顷刻之间二人住脚，望向对方——陈汇捂起了耳朵，男生张开了嘴。

"啊——"

十几天之后，陈汇和老王逛晚市。老王和陈汇是好朋友好同学，一贯了解陈汇的行事作风。但在听闻此事之后还是吓得直掉眼镜，抖了半天跟陈汇说："汇儿，照片给我传一张。"

陈汇头也不抬继续跟老板砍价："这书您就十五卖我吧，我这么诚心。"

卖书的老头很倔："你自己看看这品相，多好啊，二十不讲价。"

陈汇领了老王，转身走了。

"不就是本旧书吗？"老王问。

"你不知道，"陈汇秃噜一口面汤，"那版《堂·吉诃德》是杨绛译的，1978年版。比现在那些凑系列的书好多了。"

"还挺懂。"一个陌生的声音插话进来，"就怕流氓有文化。"

老王一愣，陈汇愣了两愣。

俩人抬头，然后目光随这个不请自来最重要的是还没事儿人似的坐下了的人下降。

"怎么着，请吃饭吧。吓我那么一跳。"那人招呼过老板点了一堆东西，给俩姑娘吓得没敢吭声。

"壮壮壮壮士……"陈汇打断，"再点，我就得把自己押这儿了！"

吴瀚微笑，回头问老板："缺短期工？"

老板不要命地点点头。

陈汇对老王介绍："这，就是那男的。"

我们需要的一种人

自助餐。

老王此时的内心是纠结的。

她面对着坐在自己对面的面容清秀内心腹黑的少年，激动得无法自控。

她无数次的后悔：为什么！为什么当时不是我和陈汇一起上刀山下火海！为什么我不是第一时间遇见了他！

趁着吴瀚去端东西的空当，陈汇赶紧解释："现在在他眼里我就是一女流氓，还是你形象比较好。上次他不由分说一顿点到最后我耍赖不付账，还是你很主动地掏钱包——不要再说了！我知道你只是装的！但是！他对你印象一定很好。"

陈汇忽然换了一副面孔："介绍你和他认识啊美女！"

老王虽然很想抗拒，但是她的眉毛出卖了她的眼睛："好啊好啊。"

吴瀚回来，满盘子甜食，小山一样堆得很高。食物们趾高气扬地表示："陈汇你抠啊，请吃饭都请自助餐。"

吴瀚看着陈汇愁眉苦脸的小样儿，又看看老王——他开了腔："其实吧……我是说其实啊，咱早就认识。"

陈汇略略惊讶："啊？"

"中考的时候贴大榜，你俩名字挨着，我名字在你俩名字上面。知道我怎么记住的吗？那天我去看，旁边那人就嘀咕：'这名字够奇怪的，吴瀚啊'。然后，你就知道了……"

陈汇做出想起来的样子，而后她惊得掉了下巴。

因为她记得当年自己是这样说的——

"吴瀚啊，死而无憾啊……"

她瞪一眼吴瀚，觉得这小子忒记仇，不好。吴瀚倒是没事儿人似的，低头继续吃。

开学前夕，陈汇在图书馆遇见了在补作业的吴瀚。她走过去拍了拍吴瀚的肩膀，吴瀚回头，半靠在椅子上跟她笑笑。

吴瀚问："你也来补作业？"

陈汇拎拎手里的包："都是闲书。作业早糊弄完啦，哈哈。"

吴瀚各种不服气："敢情你是这么学的。老子费了那么大劲，唉……"

"什么？"

吴瀚眼皮一抬："我跟你一个考场好多次你愣是没发现？"

陈汇茫然地摇头。再想想，又摇了摇头。

"有一次考试，我们这帮人休息的时候都钻出去翻复习资料，就你一个，没事儿人似的坐那儿看小说。叫啥来着？《荣宝斋》——我当时想这人怎么这么……"

"能装啊。"陈汇从牙缝里钻出几个字。

"对。"

陈汇和气地说："我是觉得既然我已经准备得很好了，就不需要这段时间来质疑我自己了——后来我就把看闲书的时间段调到回家以后了，我现在爱运动。"

俩人说完挥手作别，约定来日再把酒话家常。

吴瀚看着陈汇走下去的背影，忽然想起来她在卷子背面抄的那首诗：春有百花秋有月，夏有凉风冬有雪。若无闲事挂心头，便是人间好时节。

吴瀚暗想：这人虽然痞得像什么一样，但是能保持那么积极向上也是种能耐。

生活需要好奇心。

需要这种人啊。

便是人间好时节

开学后的第二次考试，吴瀚依旧坚守着原来的战场。他一顿扫视，却没发现自己的队友。转遍整个这层楼的五个考场，也没发现队友的影子。

"难不成她已经挺进一楼了？"

第二天，吴瀚见到了陈汇本人。她还是很有活力的样子，一身校服松松垮垮，头发扎得不成样子。

"去哪儿了？"吴瀚问。

"二十三。"陈汇嬉皮笑脸地答。

"你缺考了几科啊都去二十三考场了？"吴瀚很吃惊。

陈汇摊开手："上次那个月考的作文题目，我不想写，就放弃了。"

吴瀚倒抽口冷气，陈汇满脸微笑。

吴瀚表示：这种人政府一定要控制住，否则出点什么么蛾子社会实在是承受不住。

俩人最后一次见面的地点是寝室楼门前的那块大石头前。放短假，吴瀚拎个箱子陈汇背个包，双方就国际形势进行了深刻探讨，会议在一片融洽和谐的气氛中进行。

会议的最后，陈汇定定地望了吴瀚一会儿然后说："我要走啦。去外地，不知道什么时候能回来。"

吴瀚作为一个事先收到风声的对方代表，表现得波澜不惊："祝一切都好。"

她走在前面，背对着他招招手。

"我先一步奔着素质教育去啦，请未成功的同志继续努力。"她叫嚣。

吴瀚在大石头的台子上坐了一会儿，觉得这一切都跟做梦似的。

比如，他们总是很奇怪地相逢，联系不大但却又千丝万缕难以分割；比如她带来了他最需要的东西，质疑和勇气，可又匆匆地走远。

总有一些人让你觉得长大是件幸福的事。从此之后不再有人和他讨论1982年的宪法中变相城市土改到底对不对，不再有人和他絮叨并不一定是每支国民党部队都会武装到牙齿，不再有人能做出像她一样的傻事。

从此他会遇见更多的人和事。

而陈汇匆匆忙忙地如过客，可能只是个教会了他一点儿东西的过客。

曾经认识，就是缘分。他会带着陈汇给他的勇气，独立决绝地走得更远。

他想了想，再看看天上的太阳，起身拉起自己的箱子。忽然背后传来了一句他的名字。

"吴瀚。"

他回头。

老王说："顺路，咱俩一起走吧。"

这，是另一种勇气的开始吗……

流星是月亮的泪

小妖寂寂

星巴克里，眼前的男生抿着唇，眼睛里有青涩却热切的光，我看着他欲言又止的紧张模样，忽然就来了兴致要逗逗他。

可我还来不及开口，杜小牧就不知从哪里突然冒了出来。

他毫不客气地拉开我旁边的椅子坐下，然后盯着对面昨天刚给我递过情书的男生。

"她眼睛有病，很快就会瞎了，你确定你喜欢她？"

杜小牧这话明显让正准备亲口向我表白的男生猝不及防，他双眼里的光变做狐疑，似是在内心挣扎过一阵后终于犹豫着开口问我："唐月亮，他是谁，他说的是真的吗？"

我的脸色变得凝重起来，我点了点头。

气氛瞬间有点儿局促，男生站起身来慌乱而尴尬地表示有事要先走了。

我头也不抬，朝他挥挥手意思是不送。哎，没意思极了。

回学校的路上我怒视杜小牧，你自己数数这究竟是第几次破坏我的"好事"，天天跟着我，嫁不出去难道你负责吗！

杜小牧站定："如果你真要嫁，如果你愿意，我娶。"

我侧过脸去看他的神情，一如既往的实诚与坚定，不知是因为感动还是委屈，我心里又开始有点儿酸酸的。我咬咬唇问他，那莫雨呢？

"她，我和她只是好朋友。"杜小牧的步子突然变得大起来，走得飞快。

我跑上前去跟在他身后，两个人再没说话，沉默着，一前一后，各怀心事。

其实我一直都知道，住在杜小牧心里的姑娘不是我而是那个叫莫雨的女孩子，这就像杜小牧也一直知道我心里住着的少年从来都不是他一样。

住在我心里的，是一颗流星。

在学校图书馆前面的草坪角落边上，生长着一棵树干粗粝、枝繁叶茂的凤凰树。每次路过，我都会不由自主地站定脚步。

这是因为我总能在这里碰见沈流星。

我只需要在树下静静地待上一会儿，在那些和风轻拂的瞬间，眼前的空气里忽然就能出现少年的脸，忽然就有温暖弥漫。

常常是人群熙攘中，沈流星独自一人安静地走着。

他干净的神情穿过春夏秋冬，穿过时间与空间的荒芜，刚好落入我的瞳仁。

偶尔我也会在校园其他地方撞见他，在每次擦肩而过之后，我都会忍不住再回头去张望他的背影。有人说，前世五百次的回眸才换来今生的擦肩而过，那么今生我积攒够一千次的回眸，是不是能换来下辈子与沈流星的并肩而走？

可恶的杜小牧在洞悉我的心事后曾给我来过恶毒的一句话。

他说："唐月亮，你这个大傻帽，就算你把脖子给扭断了，佛也不会成全你的！"

知道沈流星的存在，说起来，还是因为杜小牧的关系。

去年，过生日的杜小牧宴请朋友去KTV唱歌，来的人很多，据说朋友的朋友，朋友的朋友的朋友都来了。包厢里热火朝天得很，麦霸们抢着向寿星公献唱，我则坐在灯光和音乐交叠的阴影里发呆，反正主角杜小牧这会儿再也顾不上我了。

不知道从什么时候开始，我开始习惯保持着这样的姿态和表情。在喧闹的人群或者安静的角落，我都很容易变得沉默。

房里的气氛，热烈得就像是在开群星演唱会，就在被吵得头有点儿隐隐作痛的时候，我看见了坐在另一个小角落里的沈流星。

那是个更容易让人忽略的角落，霓虹灯在房间里兜兜转转，当幽蓝色的灯光扫过他脸上的那刻，我看见静坐的少年闭上了眼睛，他睫毛翕动，眉宇微蹙，脸上说不清是什么神情。

没来由地，我心里一惊，周围的世界在瞬间都失了声音。

喧嚣的包房里，沈流星安静地坐着，他那样安静，安静得好像随时会消失一样。

只一眼，我就再也忘不掉他。后来聚会结束我问杜小牧坐在角落里的安静男孩子是谁，杜小牧却敷衍地说不知道，大概是朋友的朋友的朋友之类。我当然不满这回答，便缠着他一直到他打听到沈流星的名字为止。

沈流星，他叫沈流星。

唐月亮，我叫唐月亮。

瞧我们的名字，是不是冥冥之中注定我们要相遇要发生些故事呢？

我不知道杜小牧为什么不喜欢沈流星。

他讨厌我提起沈流星，他阻止我去打听沈流星的事情，还扬言若我敢去找沈流星他就和我绝交。他那样子，简直让人怀疑沈流星是不是曾和他结下了不共戴天之仇。

可要让我忘记沈流星，那怎么可能呢？

在多少个夜里，少年那好看的安静而略带忧郁的脸庞，就像木棉树上的花朵一样，争先恐后地盛开在我的梦境中。

我收过那么多男孩子的情书，可是我的眼里真的只走进了他一个。

动心只是瞬间的事情，只是它的力量过于强大，所以我内心千回百转、曲折隐忍。

我不甘心。

那么一旦确定就会生出飞蛾扑火式的义无反顾，我决定采取行动，我浑身解数使尽终于摸清沈流星的日常活动习惯，我把那些时间和地点给制成了一张表揣在怀里，我想我那么高频率地晃荡在他面前，就算我是一只猪，他也得正眼瞧我一下吧！

可是革命尚未成功，我就进了医院。

我在跟踪沈流星的时候眼前忽然一黑，整个人就从楼梯上滚下来。

只是一小截楼梯，我没什么损伤，但医生在给我做了检查后说我的眼疾复发了。

便是人间好时节

115

"唐月亮乖，不怕，有我在呐……"杜小牧一遍一遍地说着，他的话那么温柔，那么轻缓，带着满腔的歉意和一点儿酸涩，清晰落入耳中，字字敲击在我心脏之上。

我蹲在墙角，泪如雨下。

我眼睛有病，未来有一天我会变成瞎子，我该如何是好？

要做好心理准备，慢慢视力会越来越差，直到完全看不见东西，但只要按时吃药，注意休息，失明的这一天就会延迟到来，当然了，过程里有奇迹发生也是不一定的。

这是医生的原话，像判刑一样让人绝望。

后来再在校园里碰见沈流星，我会远远就躲开了，我告诉自己说，唐月亮，如果你真的喜欢他，你就不要去打扰他的世界。

但我总想趁着还能看的时候多看他几眼啊！

所以我无数次在人群的缝隙里搜寻沈流星的身影，无数次放轻脚步悄然跟在他的身后，无数次站到凤凰树下静待他的出现……我以一个陌生人的姿势，却用了最卑微也最虔诚的瞻仰态度，去关注他的一切。

像是一场负重的奔跑，我却甘之如饴。

如果不是因为我，杜小牧和莫雨早应该成为男才女貌的一对儿。

我清楚地记得那一天，莫雨跑到球场来找杜小牧的时候，男生正咕咚咕咚地喝着我给他准备的矿泉水，旁边四米外的我则塞着耳麦在听音乐。

他们以为我没注意这边的情况，可是呀，我的MP3适时的没电了。

我听见莫雨在向杜小牧追问要一个解释，而杜小牧先是沉默不言，然后他把矿泉水瓶倒转过来，倒出里面剩余的水，站起来对面前的女生说了一句话。

"你知道吗，唐月亮的眼睛快要看不见了，都是我害她的。"

杜小牧的话让莫雨一下子呆了，好一会儿，她仰起脸来说："那我和你一起照顾她。"

这是真的喜欢吧。

真的感情，才让这个柔弱的姑娘表现得如此勇敢。

然而杜小牧的摇头仍是击碎了她最后的期待，我看见莫雨的眼睛里飞快地涌上闪光的液体，我看见她捂着脸跑开，我也听到了杜小牧那句轻轻的对不起。

我才不想要成为任何人的负担。

但是在杜小牧的心里，对我有那么多的愧疚，如果不让他这么做，他会难过死的。

他说："唐月亮，你就让我待在你身边吧。"

他说："唐月亮，你要如何才能明白我的心情，如果不是因为我，你的眼睛就不会受伤，这是我欠你的，你行行好让我做一点儿什么吧！"

于是，我终还是选择了暂时缄默。

我家和杜小牧家是世交，我们从小一起玩儿。读初二的那年杜小牧差点儿就被一只飞来的足球砸中了头，是我冲过去推开了他，并且替他挨受了那一下。我没想到的是，这场我们以为早已痊愈的意外之痛，会在多年之后的今天蹦出来，给了我狠狠的一击。

其实我不怪谁，虽然现实是残酷得有点儿过了。

但杜小牧，如果守护在我身边能让你好受点儿，那么只好暂时委屈莫雨了。

真的只是暂时，因为父母已经递交申请移民到加拿大了，正好我也要跟着过去治眼睛，也许一年，也许两年，就要离开。

我真的不敢奢望这辈子能与沈流星并肩而走，可这一次他主动送上门来。

幸福来得这么突然。

是夕阳西下的时刻，一片逆光里少年澄澈明亮的笑容差点儿晃伤我的眼睛。那一刻我突然想起一句很美的诗：途经千山万水，犹如清风拂面。

沈流星说："唐月亮，我想和你约个会，可以吗？"

被他这话弄得一时反应不过来，我呆呆地扭头去看旁边不远处的杜小牧。

杜小牧盯着我，缓慢而慎重地摇了头。

我咬咬牙，最终还是在杜小牧恨铁不成钢的目光里，跟着沈流星跑掉了。少年拉着我的手，奔跑在逐渐降临的暮色里，我的心雀跃得要蹦出来一样。

我多么希望时空就此停止，只有我们两个手拉着手奔跑在风里。一直一直地奔跑下去，直到世界荒芜。

沈流星把我带到了城市北面的一个休闲广场，两个人气喘吁吁地停下来，相视而笑。

"唐月亮，你快看！"

顺着男生的指尖直望过去，广场周围绿化树上的装饰灯一盏一盏地逐次亮起来，不一会儿，所有的树木都挂上了闪烁的银白的光，美得不像话。细看，都是些悬挂着的细小灯管，光亮顺着灯管由上自下流动。

"好美的眼泪啊！"我赞叹道。

"什么眼泪？那可是流星灯！"沈流星敲了我额头一记。

我吐了吐舌头，他没说我还真没想到像流星，那些光束就像夜空中一道道流星在划过，可是为什么明明就是流星追逐的效果，我却看成了是许多的眼泪在纷纷滑落呢？

"虽然不是真正的流星，但我们姑且当是真的，现在来许愿吧。"

我抬起头，看见说这话的沈流星，眼睛琉璃一样剔透。

"嗯。"我点点头，双手合十，闭上眼睛。

如果可以，就请让我的双眼一直明亮下去吧，如果可以，就请让我和沈流星在一起吧。

与男生在广场看流星灯的那个晚上就像梦境一样不真实，直到沈流星第二次、第三次过来找我，我都还以为我在做梦。

沈流星说，早在我整天晃荡在他面前时他就注意到我了。沈流星说，后来我不再出现他却慢慢发现自己不知不觉就会想起我。沈流星说，他想了很久才决定来找我……

少年的这些话让我后来想起就忍不住要捂着嘴巴笑出来，用杜小牧的话说，我笑得见牙不见眼，笑得整一个花枝乱颤，笑得从来都没有那么不淑女。

"唐月亮，你就真的那么喜欢他吗？"

杜小牧的忧心忡忡与我的欢喜形成了鲜明的对比。

我推搡他："你给我安心啦，沈流星不是坏人，你不要管我，赶紧找你的莫雨去吧！"

杜小牧不情不愿地被我支开后，沈流星就会出现，他带我去吃好吃的，看好看的，还玩好玩的，生活变得那么可爱和珍贵，我真有种受宠若惊的感觉。

沈流星的存在，让我所有阴霾日子里的冰冷，都充满了炉火的温度。

后来到了郊外去逛花田时，我们已经很熟了。

缤纷的花田那么美丽那么烂漫，沈流星给我拍照，我的笑容定格在他的相机里，灿烂得像朵盛开的向日葵。

时光如此醉人，让我完全忘记了杜小牧，忘记了自己将会失明的眼睛。

直到沈流星突然抓住了我的手，他抓得很紧很紧，用力得好像怕我会逃跑一样。

然后我听见他在说着："唐月亮，我真怕再也见不到你。"

他的声音有一点儿颤抖，可怎么都比不上我心脏的颤抖，这句表白来得太突然，太难得，心里有一股酸涩直逼喉咙，我的眼泪掉了下来。

我踮起脚轻轻地吻了他的脸颊，我看见他的眼睛里有类似孩童的纯真。

亲爱的少年啊，这句话该我说才对，我真怕再也见不到你。

再也见不到你，是多么绝望的事情。

哪怕我一直坚持吃药，再注意休息和保持愉悦的心境，我的视力仍是慢慢变差了。

杜小牧开始寸步不离地跟着我，他不准我去见沈流星。

我知道他担心我受到伤害，他担心沈流星知道我眼睛的病情后会离我而去，他不放心。其实我又何尝不担心，我从不向沈流星坦白，就是潜意识里对这种可能的逃避。

我想办法躲过杜小牧，偷偷地继续与少年约会。

可这一天终还是三个人面对面地碰上了。

两个男生对峙着，彼此把对方上上下下给打量了一遍，敌意有点儿明显，硝烟味有点儿浓。我刚想要说话打圆场，他们不约而同开口让我回避，说是有些话他们必须好好谈谈。

我只好一步三回头地走开。

只是我没有想到，他们这一谈之后，沈流星就消失了。

杜小牧对此保持沉默。

后来我就对着他流泪，我说："杜小牧，你怎么就那样狠心，你明明知道我快要看不见了，你知道我多贪恋能看到他的时光，一分一秒弥足珍贵。"

经不起我的眼泪轰炸，男生终于一把拉起我的手就走。

"你要真相，我就带你去看真相！"

我被杜小牧磕磕碰碰地拉着到了一个地方，彼时暮色四合，逐渐亮起的路灯下，我看到了我日思夜想的少年。他发出如夜明珠的光芒，那光芒穿过了春夏秋冬，穿过了天涯与海角，安静落入我的瞳仁。

可此刻他揽着一个漂亮的女生。

他似乎喝多了，神情有点儿迷离，脚步虚浮，整个人半倚在女生身上。

我抬起头来问杜小牧："杜小牧，我有点儿看不清楚了，那个人是沈流星吗？"

男生冷冷开口："是的，旁边的女生是莫雨，这就是我的解释。"

夜凉如水，我浑身都在抖，杜小牧不动声色地把我拉进怀里，他紧紧地紧紧地抱着我，好像要借给我力量。

我视若珍宝的少年见异思迁了，我觉得全世界都在笑我。

我的心，破了个窟窿，那些笑声像风一样呼呼地叫嚣着灌进我的身体。

我日日夜夜地流着泪，那些泪水加速了眼睛的病变，我终于彻底看不见东西。于是我退了学，并搬到郊区去静养。

杜小牧要陪我，但被我坚决地拒绝了。

半年后，有人捐献眼角膜，一场手术之后我恢复了视力。

我出院的那天，杜小牧来接我，看到站在他身边的漂亮女生时，我有一点儿错愕。竟是那个叫莫雨的女孩子，我摇摇头，又点点头，对着她笑了。

是的，两百个日夜让我想通了，谁的青春没有暗伤，原谅和遗忘是最好的办法。

面前的女孩儿朝我伸出手来。

"我是莫雨，同时，我是沈流星的表妹。"

我刚伸出的手愣在了半空，一秒后我的眼泪迅速地在眼眶里积聚，然后大颗大颗地掉下来。我以为这个名字再也不会出现在我的人生里了，我以为我已经彻底忘记。

"他现在过得好吗？"

"走了，血癌。"

刹那间山崩地裂，世界瓦解成灰。以前我以为，爱而不得，大抵是这个人间的最痛，可是现在我才知道，有种痛更甚千万倍。

沈流星在最初接近我，是为了自己最疼爱的表妹莫雨。

他以为是我自私地霸占住杜小牧，那么只要他把我的注意力从杜小牧身上带走，就可以成全莫雨的感情。

他的计划很顺利，唯一的意外就是最后不可自拔地爱上了我。

那时候沈流星已经知道自己的病症，那时候他无端消失是因为住院了，后来为了让我对他死心，为了让我忘记掉他，就伙同莫雨和杜小牧给我演了一场戏。

沈流星最终还是走了，带着对我深深的歉意和对生的留恋。

但是他把眼角膜留给了我。

唐月亮，从此就由你带我去看大世界，从此就让我做你眼里的那滴泪。

记得不要哭。

我想和青春说句对不起

葛琅歌

我指着小安手机屏幕上帅气男生的照片，问小安："这是你这个月的第几个男朋友了？"小安支吾着，数了数手指："呃，好像是第四个了。"我无语地翻了翻白眼："小安，你换男朋友还真比翻书要快。"小安怪笑几声，我转身离开，不再理她。

话说，每个班都有那么一个女生，她长得很漂亮，家世也好，身上总是穿着潮流的衣服，爱听流行音乐，被很多男生追，小安就是这种女生。虽然我在心里反感小安穿着薄如轻纱的奇怪衣服，反感小安总是把头发又拉又烫的作风，反感小安总是在和男友分手后哭得死去活来第二天却若无其事地开始新一段感情。但是，不可反驳的是，我确实在羡慕她，羡慕她有这个肆意挥霍青春的资本，同时，我也在为我的青春感叹。

2012年所谓的"世界末日"过去了，《甄嬛传》去到了美国……然而，我的青春还是一如往昔，平淡似水，在日新月异的世界里，静静地飘落大海，却没有泛起一丝波澜。

我不知道自己算不算是一个乖孩子，我没有早恋，没有逃过课，没有去过网吧，也没有去过酒吧。我没有试过和朋友去KTV，甚至没试过寄宿在朋友家。我做过的最疯狂的事，仅有和小Y在一次晚休打铃后还不肯回宿舍，被生活管理员看见，谎报是另一栋宿舍楼的，和生活管理员玩了一场猫捉老鼠的躲藏游戏，然后气喘吁吁地跑回宿舍，蹲在后阳台上捂着嘴大笑，虽然明明吓得腿软。笑够了，腿也不抖了，就擦了擦一身的汗回去睡觉，再后来……就没有后来了，还是尘归尘，土归土，生活依旧如故。

我和闺密说我喜欢上了一个男孩子，只是，我不知道，这是不是真的喜欢，因为我不会像青春期的其他少女一样，总是会关注他的一举一动，不会总想了解他的喜好习惯，甚至在大部分时间，我都会忘记他。如果让我选我的小说和他，我想我会毫不犹豫地选择前者。也许，对于他，我更多的是欣赏吧。虽然他也会说粗话，上课总是迟到，但我知道，他就是一个可爱的孩子。他从来不会和女生玩，清纯得像一个孩子，青涩，懵懂，迷茫。也许我们都一样，明明什么都不懂，却总是千方百计地想证明自己的成熟。

至于逃课这样需要勇气的事儿更与我无缘，那些叛逆的少男少女，用老师的话来说，就算他们断了腿也有家里养着供着，你们有什么资本。是的，我们都是没有高树遮蔽风雨的小草，默默地生长在戈壁滩上用自己小小的身躯迎接狂风暴雨。

我的青春平淡似水，我胸中的激情却如在水中挣扎的人，总想跃出水面，然而却只能在挣扎之中慢慢地沉入水底，在水底下死去，竟泛不起一丝波浪。

我想当我年老时回忆起如今平淡似水的青春，也许会恨自己没有在年少的时光里留下疯狂的足迹，但是，即使此刻我已经想到未来的悔恨，我依旧没有勇气，我还是那样乖顺地蜷缩在这平静得没有一丝波澜的青春里。

青春，我想和你说句对不起。

未见萤火虫

立 夏

校园里的迎春花开满了嫩黄色的一片，我知道季风就要跟着候鸟从南方跋山涉水迁徙而来，那些厚重而丑陋的棉衣终于要离我而去。可是我突然间想到，当我再次穿上那条纯白的公主裙时，你却看不到，然后，我再也笑不出来了。

3月的最后一天，有雨，我窝在被窝里看着一部叫作《勇敢传说》的动画。隔壁的姑娘敲响了寝室的门，她将了将额前的刘海儿笑吟吟地说："文文，我在楼下看到有你的信呢，真是奇葩，这年头还有人写信。"我耸耸肩向她道了声"谢谢"，开始慢慢悠悠地穿衣打扮，多少年，我没再收到过纸质信笺。

厚厚的橱窗氤氲着浅浅的白雾，目光终于落在一封青色的信笺之上，正中间的四个字苍劲有力，微微右倾，那是我曾经再也熟悉不过的字迹，"文文亲启"。头顶上仿佛有6月的响雷炸开，头脑中嗡嗡的响声让自己眩晕，我又忆起那时的少年，还有那唯一一份轻轻一碰就会疼的触觉。

离开你的这几年我刚好告别了一字开头的年纪，长发齐腰，会穿起高高的鞋子，会涂抹起淡淡的妆，会参加校园里的每一场会演，一切都是小时候向往过的样子。

你不会知道现在的我时常会被人夸写字好看，他们说像极了男孩子的笔迹，干净利落。只是没有人知道小时候的我时常会被老师罚写字，就像没有人知道我写得最好看的三个字其实是你的名字。

靠在二楼的窗边小心翼翼地拆开信封，微微清冷的春风让人有些发抖，你的字看起来熟悉又有些陌生，开篇第一句你说，"傻姑娘，我一直希望你过得好。"猛然间，一股温热的情感夺眶而出，你是知道，关于你，于我来说一言一语都是惊喜。

我还记得每逢冬天时那座校园的夜晚都会刮起凛冽的寒风，暗黄色街灯亮成一排，偶尔会看见站在灯下安静等人的女孩子，发丝飞舞成凌乱的曲线，像极了一幅褪色的老旧照片。

那些快被遗忘的单薄青春里还留着你淡淡的薄荷味，我记得那时候的你总会有多出的一件蓝色外套放在桌洞里，而我恰恰也会衣着单薄地出现在起风的夜晚，那些不为人知的小秘密，你不说我也是懂得的。

离开的这些年，我终于长成了一个明朗的女孩子该有的样子，逛街、唱歌、看电影，你能想到的我都没有落下过，只是在午夜梦回的凌晨还是能听得见伤口结痂的声音，窸窸窣窣。

你信不信，每次大哭一场之后都会有种死里逃生的错觉。《北京遇上西雅图》上映的那一天，阳光正好，我翘了半天的课，在昏暗的放映厅里死死地攥着半张票根放声大哭。

你不会懂的，十指紧扣的日子里我一直在等，等有一天，可以披上嫁衣，跟你走。我讨厌那些刁蛮任性的女孩子，仿佛全世界都要心甘情愿对她好，可是我又那么羡慕她，羡慕她至死不渝地相信并爱着她的爱人，羡慕她敢爱敢恨的勇气。

这些年压抑的情感终于在文佳佳穿上婚纱与Frank挽在一起时喷薄而出，那些汹涌的委屈，那些一捅就破的坚强，终于在我刀枪不入的伪装下溃不成军。

我终于相信，在长大的这些年里，你可以遇见许多人教会你成长，却只能是一个人陪你终老。

在电影院出来的时候天色刚刚变黑，会有行色匆匆的行人侧过身看我发红的眼圈，哭花的黑色眼线让我多少有些难为情。路边的小吃又散发出诱人的香气，我总能在傍晚的时候想起我们一起吃路边摊的样子，有时候甚至是两人一碗的牛肉拉面，你也总会把那少得可怜的肉末挑给我。

那时候的我们还没有看过一场电影，没有唱过八十块钱一小时的KTV，一句"想你"就足以让彼此心花怒放。那些偷偷脸红的日子里我总是试图写一些矫情的句子，一本厚厚的读书笔记记载了我所有的小情绪，却也抵不过你印在眉梢的一枚浅吻，那是比盛夏的阳光还要炽热的温度，让我第一次有了极度眩晕的感觉。

摊开手，一道道深深的月牙躺在掌心，你没见过我现在指甲，长长的，枚红色，点着小小的白色梅花。

信里你说再也没能遇见过像我这样的女孩子，回头的瞬间也再看不到目光坚定的傻姑娘，搬家的时候无意间发现了堆在地下室里的小箱子，满满的东西都是关于我。

说实话，我已经记不清楚都送过你什么东西了，但凡在我看来适合你的都会买来给你，我没有想到这么久以来它们一直住在被你遗忘的角落里。对了，你还记不记得，分开的第一年你过生日，我托朋友给你送了一株小小的仙人球，你一定没有发现我曾把自己的雄心壮志写在纸条上埋在了盆底，那时我说："如果岁月等不到你，我等你。"

不知道那张纸条现在还在吗？

空间里的文字控发了一条说说，他说：十年修得王小贱，百年修得柯景腾，千年修得李大仁，而你的他，在哪里？

　　我记起来那个夏天总是会在夜晚来临时下一场痛快淋漓的大雨，宽大的梧桐树叶被拍打出让人烦躁的声响，我找了好几个朋友才寻到一把多出的雨伞，你知道的这些年我一直没有养成随身带伞的习惯。假装不经意地来到你班门前时得知你已经走了，我扒开熙熙攘攘的人群追向你的方向忘了撑伞，看见你们一行几人说说笑笑地消失在校门口处才感受到雨滴打在脸上的感觉，有一些凉，有一些涩。

　　我知道了，如果我没有住进你的心里便再也不会出现在你的眼睛里，一切看起来都是那么微不足道。

　　我想起来刚刚大一的那年冬天，有雪。我一个人穿行在没有你的陌生的城市里，总觉得少了一些什么。世界开始刮起有些潮湿但是凛冽的寒风，我怕冷，所以穿得像只企鹅。那只冻得发紫的手掌紧紧地握着手机，有些颤抖。屏幕上是一串烂熟于心的数字，我想了好久还是按下了拨号键，手机贴近耳朵，数不清嘟嘟的忙音响了多少遍，你不会知道我的执念多勇敢，也抵不过电话那头机械的女声。

　　我还是可以假装不失望，不就是从云端推落跌入深谷的错觉，能有什么大不了。我还是我自己，可以勇敢坚强地大步走。

　　恍惚间记起似乎已经很久没有提起过孤单，那些不为人知寂寞的早已盛放成了一座花园，我不说，你便不问。

　　亲爱的少年，当这个漫长的冬天终于过去的时候，我终于选择原谅时光，原谅那些对我并不够好的曾经。

遇见你，是我一生最好的事

芃陶陶

亲爱的：

突然想不起是什么时候认识你的，什么时候和你成为闺密的。

记忆中的你一头卷卷的头发，皮肤黑黑的，小个子，爱笑，总露出不太整齐的牙齿，脸颊上有星星点点的雀斑。

那时，我在很多人的口里听说过你。

他们说，你妈妈带着你的弟弟远走他乡，爸爸又精神不正常。

他们说，你家就像一个乞丐窝，说你的衣服是盘古开天辟地留下的。

他们说，你是撒谎精、捣蛋鬼、偷东西的贼。

村里的同龄人不是躲你、避你，就是厌恶你、嘲笑你，就连大人们望向你的眼神也充满怜悯和同情。你曾用无比激动的语气说，你厌恶那样的同情，厌恶那样的怜悯。

我一直秉承着好孩子的样子长大。

他们说的那些话像微风，像落花，在我心里留下浅浅的痕迹，衍出无穷莫名的情感。

后来，我们不知道怎么成了朋友。只记得，因为是前后桌的关系，我们两张桌子，四个女孩儿建立了深厚的友谊。我们俩当时是四个中最不合群的，谁知，最不合拍的两个人却用坚固的友谊挺过了风风雨雨。

小学五六年级的时候，是我们感情的蜜月期。那时的我们好得就像是双生花，后来虽没有同班，还隔着两栋教学楼，但我们没有被距离冲淡感情，经常在走廊上遥遥相望。同学们说，我们站在走廊上遥遥相望时，真像牛郎和织女。我把这事告诉你，你故作严肃地说，嗯，那我们是不是应该先探讨一下谁是牛郎谁是织女的问题？

放学，我们总是一块儿回家。虽然我们的家一南一北，以学校大门为中心，我们应该要分道扬镳，但你为了陪我，和我走同一条路，不惜绕大半个村子回家。

买了单车后，我的后架座上，总会有个卷发的女孩儿晃荡着小腿，牙齿晒太阳，笑声在空气中飞扬。

日子在单车的疾驰里过得又缓又慢，我和你在这样的日子中笑得张扬。

上了中学，我开始祈祷，祈祷老天爷让我们在同一个班。

可报名的那天，我没有等到你，也始终没有见到你。

再见你时，你整个人已经焕然一新，头发变得很直很直，熟悉的笑容在阳光照耀下显得十分璀璨。

你说，你去拉直了，不再是卷头发。现在他们再也不能拿你的头发欺负你了。

我说，哦。

你说，你不读书了。

我说，哦。

我表面上若无其事，但心里有说不出的失落、说不出的难过。你不读了，我们以后一起回家的机会都没有了。说好一起读初中，一起读高中，一起读大学的，怎么可以说话不算数啊！

所幸的是，我们没有因为距离而散落天涯。

在我还安安静静地在教室读书的时候，你已经闯了很多地方，工作换来换去，经常玩失踪。你这坏丫头，老是让我操心，让我牵挂，总是不打招呼就离开。

你结交了很多看起来流里流气的人，但只要在我面前，你还是我认识的那个人，从来没变。

你总是骂我白痴，因为我这也不会，那也不会，什么都干得乱七八糟，连单车都骑不好，还经常丢三落四。

你总是一边数落我，一边收拾着我惹下的麻烦。有时候，你会扶额仰天长叹：你这是造了什么孽啊！

呐！让我悄悄告诉你。

其实我没有你所看到的那么笨，就是喜欢在你面前装出一副生活不能自理的样子，都是做给你看的。

你生性豁达，乐观开朗，有时候也会突然伤感，突然难过。你不喜欢被条条框框束缚着，不喜欢听别人唠叨来唠叨去，爱一意孤行。你不要安定，不想平凡，不愿平淡。想要像女侠一样，四处闯江湖。

我阻止不了你的飞行，只能用十分拙劣的方式来多留你一下，让你以为我十分依赖你。所以，我把自己的小迷糊装成大迷糊，装得更傻一些，让你以为我真的白痴到没有你不行。

当你去别的地方时，看到迷糊的女孩儿，会突然想起我来，然后无奈地向其他朋友说自己有个神经是麻绳编的姑娘。

我承认，这种方法真是很傻。要不是为了你，我怎么甘愿成为别人口中的白痴呢？

几乎所有的语文老师都有说过写信的固定模式，在正文的最后要写祝福语。可是，我要写什么样的话才能让你感动欢喜呢！好吧。虽然说出来会感到很文艺，很矫情，但不管了。听清楚，我只说这一回。

遇见你是我一生中最好的事。

呃，还有……但愿你的世界一切明媚温暖。

我爱你。

爱你的某璇

风停了，巧克力知道

蓝格子

最近我在密谋一件大事。

我站在距离许然十米的马路上铆足了劲大喊一声："许然！"

是的，我要向前方的少年表白。

许然停下脚步。等我屁颠儿屁颠儿跑到他身边时，脑海中打好的草稿早已凌乱不堪，刚才那股勇气也不知道跑哪里去了。许然笑了笑，问："怎么了？"

我一时接不上话儿，从书包里掏出巧克力，满脸谄媚。他奇怪地看了我一眼，接过东西就直接离开了，我站在原地目送他的背影。如果给个特写，我现在一定像那宫廷剧中的小太监还恨不得捏着嗓子来句"爷走好"，当然脸上挂着满足又贱兮兮的笑容。

咦，我的节操呢？哪里去了。

回到家，拆开一盒巧克力机械地往嘴里塞。这是许然的最爱，热衷于甜食的我却对它没有太多兴趣。可慢慢地我也习惯了它的味道。苦尽甘来，我希望这是我和许然的结局。

肚子又开始痛起来，我想这一定是最近熬夜的结果。为了准备个告白，我差点儿连命都搭进去。可究竟是否值得，我也不知道。时间一定会给我一个答案，我相信。

来到学校，同桌乐呵呵地问我："需要巧克力吗？比利时的。"我点点头。所有人都知道我爱巧克力却没有人知道这其中真正的缘由。

拿过包装，很美的盒子。黑色的外观落落大方，银白色的点缀更显新意。我用尽蛮力拆开它，拿出几个看似无意地递给许然，许然自是不会拒绝，伸手接过，他好像是不懂拒绝的。看着他的笑容，我突然觉得外面的天都亮了一些。

撕开锡纸，今天的巧克力真是格外的甜呢。

放学被组长拉着扫地，待我出去外面已是天黑一片，又找不到许然了，看来当面告白的可能性是很小了。那情书？好像又太过老套且容易留下证据。QQ？不行，他如果装着不知道那我不得纠结死。

唉呀呀，真是烦恼。我一路小跑回家。

吃完巧克力，肚子还是一如既往地痛。老妈听见我呻吟，便跑过来丢下一句："明天带你看医生。"我没精打采地应和着。也许只是心理作用才导致身体上的疼痛吧。

老妈果然说到做到，第二日便帮我请了假，将我拖去了医院。听他们在那儿谈论，我在旁边百无聊赖。许然今天没见到我会不会有点儿担心？今天有人给他带巧克力吗？他是不是知道我喜欢他？

　　医生问了句："喜欢吃什么？"我妈立刻回答："巧克力。"于是一锤定音，许多专业术语冒了出来。我也只听懂了一句，那就是——我对巧克力过敏。怎么会有这种怪病？你说多么可笑。可医生那不容置疑的语气让我不得不相信。

　　回到家，老妈以迅雷不及掩耳之势收了我所有的巧克力。我一言不发地坐在旁边，心想：这是在暗示我和许然的缘分到头了吗？

　　那晚手机一直没有响起。

　　我以憔悴的模样去了学校，同桌关切地问道："没事吧？""没事。"同学见我没什么表情，便拿出巧克力企图安慰我。我将它们推开，淡淡地说了句："我不能吃，我过敏。""什么？那不是要你命吗？"

　　呵，许然，没有你我会死吗？怎么可能。

　　下课，许然朝我走来，手上拿着我刚上稿的杂志。"哪一篇是你的？""你猜。"我想他知道，以前他答应我会去看我写的稿子的。可许然猜了好久也没有猜对，我的耐心也终于磨光。

　　"我跟你说过的。""有吗？"无辜的表情让我怀疑我是不是记错了。

　　可，我们相处的每一个细节我都记得那么清晰，怎么会错。

就是这么一件小事，让我对许然的喜欢走到了尽头。

有些时候有些话不是你说没说，而是他有没有认真听。

那么，我想该放手了。

我像被抽空了似的躺在床上。这场戏，也只是我一人自导自演。许然做过什么呢？我费力去想却没有任何印象。我只是单恋他的微笑然后陷入了这个牢笼。

仅此而已。

那么你有没有发现，我并没有多喜欢巧克力，我只是喜欢一个巧克力少年。

后来，老妈看我闷闷不乐便跑过来安慰。

"傻丫头，不就是不吃巧克力吗？还有很多东西等你选择啊，你何必因为这个不开心！"我抱着老妈撒娇说要出去吃大餐，她用手指点了点我眉尖打趣说："不应该相信我，会伤心来着。"然后就去准备出门的东西了。

是啊，我何必委屈了自己。

拉开窗帘，今天阳光真好。我笑着从储物柜里拿出一颗太妃糖，甜甜的还是原来的味道。这才是我的最爱，不是吗？

"傻丫头快点儿！""来了。"

新的生活，我来了。

年少的爱情有关对错吗

杜克拉草

正在我和闺密狼吞虎咽地吃着我们最爱的路边摊米粉时，一博友妹子发QQ跟我说，她要分手。

我看到此信息时差点儿将米粉喷到闺密的脸上。我惊讶的不是他们分手，而是这么快就分手了。

我还记得前两天妹子跟我说她恋爱时溢满了幸福的脸蛋，也猜得到此刻的她泪眼涟涟。

——我想哭，但我不敢。我都不知道我做错了什么。

——你没有做错什么，爱情里本来就没有谁对谁错。

——那他为什么要走？

——因为他不喜欢你了啊。

——是啊，不爱了呢我真傻，他身边有那么多温柔的好女孩儿怎么会喜欢我？我还傻傻相信他的话。

我顿时不知道怎么去安慰她，也不知道该回她什么才合适。

——再怎么不好的女生终会有一个欣赏她的男生。妹子，姐没谈过恋爱，也不知道怎么去开导你，但姐知道爱情本来就是一个愿打一个愿挨，也没有谁对谁错。他走，你没输，但在这场爱情里一旦有了怜悯，那就真的输得一干二净了。

——嗯。我不挽留，我不爱他了。我要习惯没有他的日子。打不死的小强，人生必须强悍。

后来我没敢再继续这个话题，我选择了把手机扔进包包里继续和闺密吃桂林米粉。因为再继续这个话题似乎没有多大的意义了。

我忽然想起初中时的死党。她是大家公认的校花，身边从来都不缺乏追求者，初二时她谈了一场轰轰烈烈的恋爱。记得有次她听说男友在放学后特地在校门口等一个学妹，而且男友喜欢上那个学妹了。听到这个传言，她愣是拖着我跑去学妹班看看她长得究竟有多漂亮，虽然这仅仅是虚惊一场。

但是没有不分手的爱恋。后来她男友提出分手时，她在宿舍哭得死去活来："当初对我穷追不舍，待我把真心相付时又铁定甩了我，我做错了什么要让他这么对我……"在后来的几个月里，每次她提到他们的事，总是会抑制不住地流泪。她说："我真的不想哭的，只是我也不知道为什么一提到他我就控制不住想流泪……"

其实也难怪死党会难过几个月，毕竟她是真的对一个
男生动了真心。谈恋爱被父母发现后，大冬天的让她跪在
地板上，逼着她分手，可是她硬是自己一个人撑下来了。
她成绩原本是数一数二的，但因为谈恋爱成绩一降再降，
班主任苦口婆心说了一次又一次，校领导亲自找她谈话让
她以学习为重她都没舍得分，现在他说分就分，让她一下
子怎么接受？

分手后的她发了疯地学习，重夺第一，并且在中考时
考上了市里最好的高中实验班。她说，那里有她从小到大
的男神。

后来她跟我说："当时真的很傻，怎么会说是自己的
错呢？不爱了就是不爱了，无关对错。"

记得阮瓷曾经写过一篇文叫《年少的时候我们可以
拥有爱情吗》，而如今我写的是《年少的爱情有关对错
吗》。可是，谁可以回答这两个问题？

王小贱说，若有一日，他不再爱你，你和他在同一个
地球同呼吸共命运都是错。

其实如果你够细心的话就可以发现，不管是那个妹子
还是我的死党，她们都说爱。年少的我们真的能承担得起
爱的分量吗？

她们的感情，真的会是爱吗？

我不知道年少的我们能不能拥有爱情，也不知道是否关乎对错。我记得有一句话叫作：拿得起，就要放得下。这个年龄段的爱情，能走到最后的概率只能用微米来计算。若开始了恋爱，分手只是迟早的事；若不能长相厮守，不如保持单身。

写这篇文字时妹子@我说："怎么办，我还是很难过。"若是平常，我肯定会回一句：凉拌呗！但这次我什么都没回。我毕竟是个局外人，无法体会她的心情，就像白天不懂夜的黑。

不过，妹子还是没能遵守她的承诺。她不止一次去挽留他，最后挽留成功不到一个星期他们两个就又分手了。妹子终于将她的这段感情彻彻底底地放下了。

就像妹子所说的，打不死的小强，人生必须强悍！谁在年轻的时候没喜欢过几个人渣呢？

愿我身边的傻女孩儿们都安好。

在时光的碎片里

初三终会过去

蓝 岛

22：03，眨眨双眼，眼皮轻了点儿。

把头栽在生物练习本覆盖着的小博上面，右手边是一堆课本、试卷、字帖、教材解析。每次看着它们我就想到初三，那段冠以兵荒马乱之名的时光。

不过是几个月前的事情。同样面对大堆大堆的习题，竟是那样焦头烂额不成样子。看着墙上贴着的中考倒计时八十九天的便利贴，心头涌现四个大字：大限将至。说好了要在寒假把初一初二落下的补上来，怎么又稀里糊涂地玩过去了呢？现在好了，一百天都不到，前面的坑还没填平，后面又是一个接着一个的坑。这条路要多难走啊。怨谁呢，怨自己，活该！

从柜子里拿出便利贴，写上"别让今天的事情耽误了明天的时间"，撕下后贴在墙上。这是第七张了。上一张写的是别人的一句话。

我家的房子是二手的，买了十多年。有一天我写题写烦了就停下来，好奇心驱使我去翻角落的柜子，结果柜子里有好多书，已经变得泛黄而且被蛀虫蛀出了一个个小洞。其中一本书里夹了一张纸，大概是小学三四年级的英语听写，看到日期我就沸腾了，1978年9月21日！天呐，它的主人现在已经有孩子了吧。如果被他看到会激动成什么样。我又翻了翻书，发现第一页留白的地方有清秀的字体写着"努力是胜利的曙光"。我坐在地上想，多少年前，住在这个房间里的谁，是怎样地奋斗过。

许久，我拿出便利贴写上那句话，把它贴在我学习桌前的墙上。我朝着那张便利贴笑，然后拍拍自己的脸，喝了一口冷水继续挑笔作战。

有人说，你不可能叫醒一个装睡的人。同样，你也不可能改变一个不想改变的人。但只要想改变，那些不可能就会瞬间化为乌有。一模我的政治考了58分，把平均分拖到了79。我下定决心狂攻政治。之后的两个星期里我每天手不释卷，着了魔似的背基本国情、"三个代表"的重要思想、以人为本可持续发展……然后我从容地踏上了二模的战场，以85分完美逆袭，夺下班里政治第一名。"一切皆有可能"，李宁的广告语一遍遍在我耳边回荡。月考数学前天晚上，我开夜车赶到凌晨1点，扫光所有二次函数的练习题，第二天轻松拿下最后两题的14分。那时候感觉自己特别牛，像一个武者，有足够的意念，修炼到满格的时候爆发，大BOSS小BOSS通通给我挂掉，哈哈！

6月19日晚上，我背历史背到昏昏欲睡前记住了"我国火药的发明与古代炼丹术有密切联系"，然后我就看见了一个一身白衣，白头发白胡子的老头子腾着云向我飞来。他让我站在他的云上，我感觉自己轻飘飘地飞起来了。我们在云海中穿行，地下的景物飞快地后退，我却感觉站的很稳。也不知道过了多久我们飞了多远，很自然地眩晕就停下来了。

我身着一身校服，站在中考考场外面。我走进去，不紧张，不迷惑。考场里安静得可以听见墙上时钟滴滴答答的声音。之前想象的紧张与不安毫不存在。然后中考开始了。

22：50，我站起来喝了杯水。现在的我，高一，在我喜欢的高中读书，每一天都过得比初三忙，但我很快乐。

曾经中考对我来说也是那样可怕的字眼儿，可现在感觉那不过是初三数不完的考试中的一场而已。

真的，考完就一如既往的云淡风轻。

在时光的碎片里

羊拇指

1

像很多年前，韩瑄儿解释青蛙的眼睛是瞪大的时候，她现在用一模一样的表情替她放我鸽子一事做狡辩。我实在找不出比"狡辩"更好的两个字来形容眼前这个啰唆的女人。

我装着可怜兮兮地说："韩瑄儿，我跟言小糖同年同月同日生是我不对，拜托你别计较了。"说这话的时候，我发现我活得比言小糖还虚伪。

我留给韩瑄儿一个模糊的侧脸，接着便大步流星扬长而去。而她，也没有跟跟跄跄地尾随。

明明跟我约好2点半步行街见的韩瑄儿同学，为什么会在3点20分给我一通说你要上补习班的电话，接着又让我在咖啡屋里看到你和言小糖促膝长谈的情景呢？

耷拉着头回家的路上，我撞见紫亚，她提着送给我的蛋糕问我："今天也是言小糖的生日，要不要请她一起来？对了，韩瑄儿不是和你一起吗？"

无言地笑笑。我是该告诉紫亚她们一起在咖啡厅上补习课吗？

换衣服时我发现口袋里的一卷纸团，一定是韩瑄儿塞的。她写：言小糖在生日那天失恋了，她不想被人知道，所以我只能对你说谎。

看着这句话的时候，我不得不承认我心头着实震了一下。和言小糖八辈子打不着关系的我只是看不惯这种第三者插足的劈腿事件，无关友谊。

2

放学的时候，韩瑄儿示意让我先走，她说她要和言小糖去找那个男的算账。我轻佻地摆摆手说，荒唐，一个前十名的学生居然陪着一个倒数的差生乱闹。她下意识地垂下了头，显然，老师已无数次和她谈论过这个问题了。我拉住她的胳膊，说不差带上我吧，我倒想看看是怎样的帅哥让那位身经百战的大美女那么放不下。

在高中部门口的等候，言小糖显得有些犹豫。我拍拍她的肩膀，努了努嘴。是的，荒谬，下课铃响了十分钟才只有一个人慢悠悠地飘出来，也难怪学校的大名鼎鼎。

人潮涌动的高峰时期，言小糖突然一把抓住我的衣袖，冷冽的眼神扫过一个衣着白衬衫的男子："就是他！"我顺着言小糖示意的方向望去，不可置信地往后退了两步，撞上了韩瑄儿惊恐担忧的目光。

我甩开言小糖的搀扶，用眼神打住韩瑄儿即将脱口而出的话语，径直走向那个白衬衫男生。

"喂！"我挡住他的去路，然后看着他纳闷和惊讶的表情冷笑。"言小糖那事儿的男主角是你吧？我今天来是想教训下你，顺便和小三唠几句。现在的社会，小三当道咯。家里头是，外头也是。"我当然话中有话，而且这话他也听得懂。他眼珠子一瞪："你什么意思，要骂人就直接点儿。言小糖那货，谁看多了不会腻？"

他说的话我没有认真听，而是直接甩上了一巴掌。接着转身回到我们的阵地，把他扔在原地不知所措。

韩瑄儿冲上来，盯着我问："你疯了吗？"我撇了撇嘴："装什么好人，刚刚怎么不见你上来拦我？"言小糖不满地瞟了眼韩瑄儿，用高分贝的嗓音喧嚷自己的兴奋。"瑄儿，雨葵她这可是干了件大快人心的好事耶！"韩瑄儿摆摆手，说你让她自己说。

我抓住言小糖呼吸的频率，轻浮地说道："不就是给了我后妈的儿子一巴掌吗？有什么好大惊小怪的？"

后妈的儿子，所以，言小糖你听懂了吗？

3

我有十足的把握今天回到家依旧风平浪静，何旭言如果敢跟他妈告状我就把他谈恋爱的事情和盘托出。权衡利弊，他懂得选择的。

站在家门口，我头一回按了六遍门铃才有人给我开门。她说："不好意思，我正给我儿子上药呢，让你等了那么久。"我真心受不了她，整天一副笑嘻嘻的模样，就好像笑着笑着就能钻进我的心里，找一个位置站站一样。

何旭言正安分地坐在沙发上捂着脸，看见我进屋还不忘瞪上仇恨的一眼。"我说何旭言，你脸这是怎么了，是半路踩了块香蕉皮还是撞上电线杆了？"我打趣道。此时他的怒只能露于形色而不敢支吾半声，我怎能不抓住这好机会？

如果继续保持这种毒舌、欠扁的人格，也许有一天我会被口水淹死。一开始就设下了给自己的圈套，又怎么可能给自己松绑呢？世界那么乱，单纯给谁看。

我蹑手蹑脚地走进何旭言的房间，他还在对着一堆化学题一头雾水，丝毫没有察觉我的"大驾光临"。

"毁了这张让言小糖魂牵梦萦的脸，不是应该感到高兴吗？怎么愁眉苦脸的？"我环着双手倚在他的房门。

"如果你不是来道歉的，我选择无视你。"他鄙视的眼神里完全没有偶像剧里大哥哥应有的宠溺。我知道自己讨人厌的分量。

"今天这一巴掌算是我欠你的，你随时可以要回去。"倔强如我，认输的事做不来。

我泡了一杯咖啡，彻夜未眠。满桌的练习题压得我透不过气。

4

老师口沫四溅地讲着中考的各项事宜，我看着黑板上用红色粉笔重重描上的"3"字，不禁感慨一番，然后是一口深呼吸。韩瑄儿和言小糖同时砸来了一团纸。

我们都忽略了讲台上的老师，所有人都在拼命地把知识往大脑里塞，一张张密密麻麻的试卷，掩盖了没来得及回复的纸条。

前桌扯去的试卷滑落了纸条，有好事者将纸团平铺开来，还不忘展示他的朗读功力。

"'雨葵，我跟你说哦。隔壁班的乔溢向我要了你的电话，我给他了。哈哈，谢谢我吧。'哇，你喜欢乔溢啊？"

不知什么时候，老师厉色走下讲台，夺过纸条，我没听清她嘴里说了什么，只是一句我记下了，"不知轻重，不知死活"。

之后班主任找我，甚至还叫来了家长。我被一桩莫须有的罪名折磨得近乎崩溃。

"韩瑄儿，你的擅作主张应该不需要我的高调斥责了吧？你凭什么认定我会对一个不务正业的痞子感兴趣，还是你自以为对我太过了解？在即将中考的时候你给我摆了这么一道，是何居心？"

放学的时候，我给韩瑄儿留下了"我们绝交吧"的纸条。说不清果断的缘由。

年少的时候，总是莫名其妙那般倔强，说不清道不明，而且从来一发不可收拾。

也或许，我的突如其来真的伤害到了她，直到毕业，我们再没说过一句话。

吃散伙饭的时候，收到无数信息，可是我始终没去。我想，我是讨厌那种哭哭啼啼的场景吧，还是我觉得会尴尬？说不清。

言小糖发了一堆照片给我，有人弹奏吉他向暗恋了三年的女生告白，有人抢去麦克风乱吼，有人只顾在一旁傻笑，却唯独没有看到韩瑄儿。

言小糖说韩瑄儿喝得烂醉，嘴里一个劲儿地念着我的名字，说她对不起我，她说她只是无心的玩笑，然后和言小糖抱头痛哭。

5

"雨葵？快去追那辆出租车，快呀，韩瑄儿在里面。"我在楼下撞见了言小糖，她像疯了一样，语无伦次地朝我喊着什么。我只知道，韩瑄儿要走了，她真的把我扔在了这座城市。

我慌了。我用超出校运会第一名的速度去追赶那辆黄绿相间的出租车，不管形象地边跑边喊："韩瑄儿，对不起，你不要走嘛。我们还是好朋友。韩瑄儿，你叫司机停车啊。韩瑄儿……"我不知跑了多久，喊了多久，但我知道她终究听不见，不然她怎么狠心不让司机停车呢？

我们年少时的记忆，我开始尝试回忆。

"雨葵，我的雪糕是草莓味的，先给你舔一口，好不好？"

"雨葵，你又考了第一耶，真厉害。我要向你学习。"

"雨葵，青瓜和花生是不能同时下肚的，至于为什么嘛，我忘了！"

"雨葵，你的偶像乔洋又发新歌了，是不是很高兴嘞？"

如果两个人真的是朋友，不管你们之间有再多没来得及解释的机会，当你得知她要离开，你会发现那些绝交的

在时光的碎片里

话语不过是撒娇的儿戏，你会愿意承认自己的舍不得。

6

时光如流水般平静。

我们没有任何联系，像是不曾遇过的陌生人。但只要打开钱包，我的目光就会停留在那张嘴角上扬的合影上。

"哥啊，我刚从图书馆出来呢。言小糖已经在咱家等了啊？那你就施展你的美男本色陪她聊会儿嘛！先挂了，拜拜！"正在拦截计程车的我挂断了这通无关紧要的电话，成功登上计程车的后座。

"小姐，这是我女儿，因为她放假了，我又没有时间带她，只能让她跟着我一起，你不介意吧？"司机指着副驾驶上安静的女孩儿内疚地向我解释。

"不会啊。小朋友，你几岁啦？""七岁。"童稚的声音被我手机突如其来的一条短信打断。小女孩儿盯着我手机上的手机链出神，她瞪着大眼睛对我说："姐姐，你手机上的那个公仔好漂亮喔，我在一个姐姐手机上也看过。"

我突然心头一震，这条手机链是我和韩瑄儿自己设计定做的，所以绝对不会出现第三条啊。

"小朋友，你是什么时候看见的呀？"

"就是刚刚啊，就在那边的肯德基，一个姐姐坐在我旁边，你看，还在呢！"

我曾试着一个人跑很远，从正午一直到黄昏。

热的时候，有太阳拥抱着我。累的时候，有夕阳包围着我。

我不是那株围着太阳打转的向日葵，我只是和它很像又不太像。

我是项雨葵。

总角和白驹

左 海

你和好友相遇那年，梁静茹因为一首《勇气》走红内地。你至今也忘不掉那首歌MV的开头，梁静茹在旁白里问："我是梁静茹，你是谁？"那个坐在公车靠窗位置的短发女孩儿说："我是未满十八岁的宇宙超级美少女。"那个夸张俏皮的音节你学了好久，好友在一旁捂嘴笑你傻。

那是还算不上青春的童年时光，稚气未脱的你和好友系着鲜艳的红领巾，踩着白色球鞋蹦蹦跳跳地走在上学的路上。清晨的空气冷冽又清新，你和好友踮起脚尖猛吸一口，然后相视一笑牵手继续朝前走。

所谓好友，到底好到什么程度。

每天晚上跑到对方家里一起写作业看动画片甚至留下来蹭饭。红色小皮鞋和白色裙子轮流穿。

春天一起到小镇的河堤上放风筝。夏天窜到树林里摘狗尾巴草抓知了。秋天把火红的枫叶做成漂亮的书签送给对方。冬天流着鼻涕在院子里堆雪人。

人人都说你们像亲姐妹一样，你们也觉得这辈子都不会离开彼此。

本来约好直升小镇的初中，家里人却瞒着你给你报了市里的一所私立学校。你跑到好友面前哇哇大哭，一副"今日一别何时才能再见"的悲壮模样，好友抱住你拍着你的后背咯咯笑了起来，你不解地挣脱怀抱赌气般把脸扭到一边。这是干吗呢，每个礼拜都能见面啊傻瓜。好友说完，你想想也对，于是破涕为笑，眼睛眯得弯弯的，像是一道桥。

每当放假，你总要和好友腻在一起，晚上挤在一个被窝里讲话到很晚才睡着。好友说，真奇怪，白天已经说了那么多你怎么一点儿都不累呢？你也不明白为什么有那么多话要讲，讨厌的数学作业，闷骚的男同桌，好看的体育委员，大嘴巴的班长，甚至是食堂难吃的饭菜和后勤部可怕的阿姨，你就像是一个被人打开忘了关的水龙头，哗啦啦啦地停不了。

初三拼了一年，你终于如愿以偿和好友进了市重点高中。然而由于不同班和课业繁重等原因，你们不能想见面就见面。老师拖堂是平常事，你拔腿跑出教室还没下楼梯，上课铃就响了，于是也只好垂头丧气地往回走，把脸贴在桌上发一整节课的呆。

慢慢地，你和好友都在自己班里找到了合得来的人，你开始懒得为了和好友说上几句话而上上下下爬楼梯，好友也很少邀你一起吃午餐、逛小卖部。后来，你谈起了恋爱，忙着看男朋友打球、和他一起练周杰伦的情歌、在夕阳里散步……有次礼拜天刚好是他生日，你求好友帮忙说如果家里人问你去了哪里，就说你和她在一起。好友一听露出为难的表情，你明知好友是讨厌撒谎的人，却还是生气了。"不帮拉倒。"你说完转身就走。这件事情造成的后果是，从那以后在学校里相遇，好友都不跟你打招呼了，而是装作不认识一般和你擦肩而过。你有点儿难过，但很快就因为忙着和男朋友浪漫而把这点儿难过抛之脑后。

太早恋爱总会太早分手。分手那天晚上你慢吞吞地错过了校车，一摸口袋发现竟然一分钱都没有，于是只好自认倒霉地往家的方向走。半个小时后，当你拖着疲累的身体站到小区门口，一抬眼就看到前方站在路灯下的好友。好友望向你，眉头一皱，说："死丫头，磨磨蹭蹭干吗呢？这都几点了才到家。"你愣在原地一动不动，几秒钟后突然仰起脖子号啕大哭起来。好友吓坏了，走到你面前问你怎么了，你用手环住好友的脖子一句话也不说，还把自己挂满鼻涕和眼泪的脸往好友的衣服上蹭。你终于明白这个世界上的确有很多好人，但并不一定都会对你好，而真心会对你好的人就在身边，你却一再辜负不懂珍惜。

大学没能考到同一个城市，分别时你霸道地对好友说不许交比我更好的朋友。好友笑嘻嘻地捏捏你的鼻子说知道啦。"准你谈恋爱，但我排第一他只能第二。"你又说。好友哭笑不得地点点头说好好好。你还想说什么的时候，好友嫌弃地按住你的肩膀把你转了一百八十度，然后推搡着你说："怎么这么多事儿呢你，快走吧，都开始检票啦。"列车终于启动的时候，你收到了好友发来的短信："好好照顾自己，别成天想着减肥，和室友和睦相处别看谁都不顺眼，她们可不是我，小心挨揍。还有，男朋友一定要找个好看点儿的，因为我喜欢帅哥，哈哈。"你盯着手机屏幕在邻座大叔错愕的目光里呜咽着哭出声来。

你和好友相识于总角之年，跨过时间的白驹走到现在。后来又过了很多很多个日子，你们争吵过、冷战过，甚至嚷嚷着要绝交，最后却依旧相互吐槽挖苦然后笑闹成一团重归于好。你知道的，你还会遇见很多很多人，他们可能真的爱你，可能只是假装爱你，累了痛了难受了好友永远都在。将来有一天，她会是你的伴娘，见证你最幸福的时光。

你在某个安静的夜里读到一句话：莫道满园花开早，凋零便是明朝，相逢还需年少。你顾不得这话里到底还有什么更深层次的含义，你只是摸出了手机拨通了好友的号码，你想要告诉她：你人生中无比庆幸的事情有两件，第一件是很久很久以前认识了她，第二件是现在的现在你们依旧在一起。

友谊万岁。

在云端里流浪的那朵玫瑰

莫小扬

高考谢幕，顾微想着明天还要去KTV和那帮疯子通宵，用被子把头一蒙开始养精蓄锐。

像是要把一整个高三缺的睡眠都补回来，她醒来的时候太阳当空，已近中午。胡乱塞了几块饼干就冲出家门，可她还是迟到了。

"罚酒！罚酒！"一群男生在那儿起哄，顾微暗暗懊恼，目光流连之间却见陆旻希窝在一处玩弄着手机，对眼前发生的一切无动于衷。

一片叫好声中顾微负气般一口喝完杯中的啤酒——他和她，什么时候已经冷淡成这副样子了呢？

顾微喜欢陆旻希，她把这个秘密藏了三年，没人知道。起初，他们的关系很好，即使顾微懂那只是完美的朋友关系，她也不在意。可不知什么时候起，他们渐渐疏远，顾微不知所以，却只能一叹惘然。

夜半，已是酒过三巡，班里的麦霸低沉地唱起忧伤的情歌，KTV里昏暗的灯光也就此迷上了一层叹惋，离别的惆怅，连醉了的人都知晓。

身旁的韩雨晴借着酒劲儿开始疯言疯语：

"顾微，你说我去给他表白好不好。我最近啊，听说了一种超浪漫的表白方法，就是……有一个压缩包里有一个叠了超多层的文件夹，最后打开一个什么东西……会有玫瑰覆满整个屏幕……"韩雨晴喃喃自语，然后揉了揉眼睛，"都高中毕业了，什么顾虑都没了，如果不表白，他都不知道我那么喜欢他……"

帮韩雨晴抹着眼泪，顾微的视线定在了不远处陆旻希的身上，心中有那么一丝慌乱。

回到家，初晨破晓，强忍着头昏脑涨的不适，顾微颤抖着手打开电脑，有一个文档被她遗忘在不起眼的一隅，快速地按着鼠标，最后盈满整个屏幕的玫瑰，刺痛了她的眼眸。

泪水不经意地往下掉，她终是在晨曦中记起那一天——

陆旻希传给她这个文档，她满怀好奇解压，点开却发现里面只是叠加的文件夹，有些失落，她没再点下去，只把这当成是对方开的一个玩笑。

后来……后来发生什么了呢？

顾微按着太阳穴思索，那隐约复苏的记忆让她自嘲地大笑起来，迷离的眼泪打湿键盘，蒙眬了眼前的那一片玫瑰……

她记起来了啊，那天她看了好多微小说，受不了主人公各式各样的错过，对陆旻希抱怨——那些玩什么含蓄浪漫的人，真讨厌。

新奇士女孩儿

苏　铁

　　是夜，窗外的雨哗啦啦地铺天盖地而来，雨水敲打着屋檐，在空气中震出一个个颤音，那么长，又是那么不经意地就扯出了盘绕在许小可眼角的晶莹液体。

　　许小可在床上翻来覆去整整两个小时未能入睡，索性坐了起来，抱着枕头对着空空如也的宿舍发呆。然后脸颊在不知不觉中爬上了湿热的痕迹。如若不是周末大家都回家了，如若不是她申请留校，如若不是恰好想要过一次一个人的夜晚，此刻她也不会感到如此无助吧。但即使是大家都在，大概她也什么都不会说，只是人多了，悲伤就不敢过分放肆。下午的事儿，许小可不愿想了，摇摇头蒙起被子，可回忆却破窗而入，席地而坐。

　　下午，是怎么了呢？

　　许小可坐在桌前努力看书时，刚从外面回来的前桌黄尧径直走过来坐下，一脸八卦地看着许小可，看到她浑身发麻正要开口质问时，黄尧笑着说："×班××跟我要你的QQ号哦。"

"哦。"许小可心里一震，但还是漫不经心地回了这一句。一旁的黄尧见许小可雷打不动的样子，反倒急了，干脆直接正好身子，睁大眼睛直视许小可的……头发，的确是头发，许小可压根就没把这当回事，已经埋头看书了。

"喂，别人对你的好感你是已经司空见惯了？还是……"

"不是。"黄尧的话刚说一半就被许小可打断，"对我有好感的人不多，我也从来不抱期待，也不想知道。"

"呦，小可今天说话好气派。其实嘛，喜欢你的人不少。"

"哦？你倒是说来听听。"许小可突然间期待的语气让黄尧疑心大起，不由得在心里小小地嘀咕了一声。其实许小可自己也知道，她在期待一个名字的响起。

就是那么一个刹那，黄尧像是身上某个开关被接通了，触电般跳起来，又碍于其他人的存在，只得俯下身来靠近许小可的耳朵小声说："小可，你还在期待那个什么习帆吗？"

"什么什么啊！"许小可反常地装傻。一装傻就会被看透。

"唉，你个笨丫头，喜欢你的人你不喜欢，偏偏去喜欢一个不喜欢的——"

最后一个字的尾音，黄尧拖得老长老长，足足让接下来的许小可眼睛里调适出失望、恐惧、不知所措等各种悲剧色彩。

"你再说一遍？！"

从未有过的冰冷语气，把黄尧吓了一大跳，以至于刚开口就变得支支吾吾："你……你当我……当我没说过啊，小可。"

可是来不及了，任何掩饰都来不及把许小可的眼泪从眼角边哄回去。许小可就这么明目张胆地哭了，哭得黄尧手足无措、六神无主、七上八下，哭得他只知道小心翼翼地递纸巾。

许小可在离开教室时说："黄尧，你晚餐前帮我报告一下，我不去吃了。"然后在黄尧歉疚的眼神中转身离开。然后，然后就有了许小可此时空守宿舍目光游离心神不定的场景。

手机不应景地响了。

"明天下午我就回校了，校操场，不见不散。"发信人是林宇新，黄尧的同桌，也是小可的好朋友。

许小可不知道什么时候昏沉沉地睡了过去，醒来时已天光大亮，洗漱完毕直接在宿舍里学习。投入精力的时间总是过得特别快，下午在不知不觉中悄然到来。

在时光的碎片里

空无一人的操场让许小可忍不住边踢石头边咒着林宇新的没安好心。林宇新不知道，过于空旷的视野只会给许小可的内心更为空洞的回音。2点50分，林宇新出现时，许小可正抱膝坐在跑道边，百无聊赖地拔着脚边的野草。

"我说，你这是在残害生命啊！"林宇新在许小可的身边坐下，顺势塞给她一瓶牛奶，但许小可却在转过头时顿了顿，抢过他手中的新奇士，自顾自地拉开易拉环猛喝了一口。

对一向只喝牛奶的许小可来说，大概喝汽水也成了一种刺激吧。

林宇新有点儿哭笑不得。他捡回许小可扔掉的易拉环，若有所思地把玩起来。

"一个易拉环，有什么好玩的？"

"小可你知道吗？易拉环与罐子连在一起，真心真意地喜欢着这个罐子，可是却不知道罐子的心里装着新奇士。因为这个，易拉环在被拉开的时候，痛苦万分，倘若它能够事先明白的话，就……"

"就不会那么痛了，是这样吗？"许小可低着头看鞋子，语气像是在自问自答。

"也许，小可，每个男生的心里，都会有这么一个新奇士女孩儿，那个女孩儿不是易拉环，不是你。她无关永远，无关原因，别人无权亦无法过问。但你知道，她不是与你毫无关系的，她的存在会教会你勇敢。你的心里呢，也会有你的可乐男孩儿……"

"什么可乐啊！这么怂的名字你也想得出来，实在佩服。"许小可仿佛听进去了，居然也打起趣来。然后举起手中的饮料，一饮而尽，"你看吧，我把新奇士勇敢地喝光了。"

林宇新一头雾水地看着她，半天没反应过来，"这女人，就是……"

"坚强，是吧？哈哈……"

"强你个头，变得这么快。"林宇新把手放在许小可头上，揉了揉她本已凌乱得不像话的头发。

"只怕，心没办法变得这么快吧？"这一句，林宇新没有说出口。

但许小可的伤口，会在时间的抚摸下，慢慢痊愈。

"宇哥，你想什么呢？"

"想你……怎么这么善变坚强，像只讨人厌又打不死的小强啊。"

"你……"

林宇新趁着眼前这只小老虎还没发飙，一个劲儿地退后，随时准备溜之大吉。

"你给我站住！"

等到两个人都气喘吁吁跑不动的时候，许小可抬起头对着空无一人的操场大喊："我会去寻找一个会爱易拉环的罐子！"

169

不远处，林宇新笑得一脸嘚瑟。

教学楼上站着远远观望的黄尧不禁嘴角上扬，这林宇新，真是请对人了。许小可，你可不要辜负我的苦心哦。可以的话，就一直微笑吧，因为你是，我的新奇士女孩儿啊。

当冬夜渐寒

喂！微笑

　　一件薄衬衫和棉袄的距离，一个秋天和冬天的距离，似乎都是转眼之间的事情。

　　秋天的离去并没有带给我多大感觉，而冬天却已经悄然而至了。早晨踏着雾气匆匆赶去学校，穿得鼓鼓囊囊的，手脚有着僵硬感，脸蛋儿红通通的。瞥一眼田野，上面竟已经披了一层薄薄的白霜，有白色的鸟飞过，天空没有飞翔的痕迹。

　　所有的事物似乎都因这寒意而僵住了呢，只盼着那一缕阳光早早到来。

　　漫漫冬夜，在寒冷的时候能够躲在温和的被窝里，喝上一碗妈妈为我亲手煨好的汤水，那可真是幸福的事情啊。喝完汤水，拿出手机看看空间，却发现自己的稿子被选上了，这可真是份意外的礼物，让我倍感惊喜。

元博妞说："微笑，一路看你长大，一路看你成长，姐姐想要抱抱你。"

其实我又何尝不是和元博一起在成长着呢？当时在想象之中她会是个长发飘飘的姑娘，没想到是个戴着眼镜的短发小女生，富有童心相信童话。而现在她已经从一个小女生变身为一个小女人了，看过某人华丽丽的幸福满满的结婚照就晓得啦。

而伊斯姐在日志下面留言说，从网上认识微笑开始，和她这些年的交流，我感受到了她的成长，从一个刚步入初中的懵懂小女孩儿，到现在在高中里细腻品尝每一刻生活的姑娘，她文字和心里的成长，我有太多太多的话想赞美她，和元博一样，我也想拥抱她，这个在网络上认识的妹妹：陈思宇，我打心底里喜欢。

这番话一下子把我拉回了那青涩的时光。前几天收拾房间，无意中翻出了彼时写的日记，忍不住看看，结果看着看着眼睛就模糊了。

那时候的自己远比想象得更加蛮横、阴暗，那个时候的我，是有多么自卑？我私自筑起一道墙，别人的温暖我看在心里也记在心里，但就是有这么一堵墙，一堵无形却厚实的墙阻碍着温暖的传递。过去的我只是以为妒忌从来都是可怕的东西，它可以使你疯狂，使你变得不可理喻，甚至可以掩盖掉原本内心的单纯和快乐，却不知道妒忌也可以是一剂良药，让你在学会欣赏别人的美、收藏别人的好的同时，也让自身得到进步的力量。

想起伊斯姐，第一次稿子被选上的消息还是她通知的呢。我和伊斯因为一次争吵，最后两个人不欢而散，很长时间都没有再联系过。直到有一天，她发了个消息问我在博览上有没有发表文章。

我正疑惑呢，等她发来那篇文章的题目我笑了，对，对，对，是我！于是整个人欣喜若狂地打了个电话给朋友，然后和朋友一起踩着自行车赶往书店，车链子"哧溜哧溜"地转着，听着马路上嘈杂的声音我都觉得特悦耳，和她不停地讲不断地说，也不知道是不是真的呢？哎呀，好紧张，心呀巴不得飞到书店那儿去了！终于赶到书店门口放下单车就飞进去了，很快便看见那期博览的影踪，哗啦啦地翻开目录，找到了自己的文章和笔名。

我的天！第一次看见自己写的文字变成了铅字在杂志上的感觉，胸口是难以抑制的欢喜。如果当时有面大镜子在面前，一定可以看见自己的嘴巴不自觉地就嘚瑟着咧开啦。

付了钱我们就站在书店门口，我的眼睛一直注视着手里的宝贝。朋友在旁边看着都乐。

第一次中稿子的感觉，那种快乐比后来的每一次都要浓烈，这也许就是在荒漠中前进的人终于饮得第一口甘泉的味道，以为无人欣赏心里灰败到无以复加时有人站出来说，我喜欢你的文字。

我招摇地把汇款单在爸爸面前晃晃，说："你看，这是你女儿的稿费单，我的稿子被选上了。"

爸爸惊讶地说了句："这么厉害啊？"我眉毛一挑，说："当然当然啦。"

后来的日子，我写："文字是我的信仰，难过时它予我阳光般的温暖，欢喜时自有它清泉似的寂然相伴。感谢文字与我一同在生活里踏下的每一步，度过的眼泪和微笑，那些时光都将寸寸印刻在我心坎……"是的，我感谢在关于文字路途上认识的所有人，以及一起经历的事情，本是萍水相逢人，但因为共同的爱好让我们有了话题甚至开始走近某些人的生活，我们称呼彼此是亲爱的人。你相信吗，因为文字，我，你，他，她，陌生也可以很亲爱，没有见过面没有听过对方的声音我也不知道他们太多的从前和现在，但是我们因为文字，就是做到了陌生人也可以亲爱，偶尔想念他们，总会突然就笑了。

一次聊天，友人发了个消息："妞，把你写的文章都给我发过来吧。"

"干什么啊？"我迷糊地问。

"我给你全存起来，你不是说十六岁想出书吗，现在是不可能啦，但我们可以一起努力呀，我会做到。"

一句话，轻描淡写却那么准确无误地击中我内心，蓦然就觉得鼻子酸酸的。

呵，不知不觉夜已黑了。我认真地写下这些文字，它们又成了关于文字的一份回忆，写给相偎相依的我们，写给低吟浅唱的友谊。以后的日子不知能否相遇，以后的日子不知还是否拥有同样的心情，但这段有关于青春关于文字的记忆，我会铭记在心，永不磨灭。

在时光的碎片里

暗思何事断人肠

叶十七

我说："你能不能轻点儿,这是手不是猪蹄,会疼的好吗!"

他说："你还知道疼啊,你这手肿得和猪蹄有什么两样?"

我说："谁让他当着我的面说狗肉好吃!我现在觉得当时不该动手,应该直接上去咬他一口,然后和他说,你的肉怎么那么难吃啊。"

他的手猛地一抖,酒精棉狠狠按到我手上,我疼得龇牙咧嘴,白了他一眼道:"你想让我也尝尝你的肉吗?"

他破天荒地没有再呛我,只是看着我,眼中意味不明,许久才开口说道:"下回叫上我一起,我帮你一起揍他。"末了又轻轻叹口气,"你说你上辈子到底吃了多少狗肉,这辈子才这么辛苦地还债。"

我说："这不是债，这是我生命中难得的阳光。"

初三那年，一次机缘巧合中，我拥有了人生第一只狗——面包。

面包初到我家时，刚满月不久，浑身的皮还是皱巴巴的，再加上胖胖的身子，像极了切片面包，故得名面包。现在想想，其实可以叫它吐司的。

第一次养狗，没有经验。面包磕磕绊绊地长到三个月，我才从别人处晓得狗是要打疫苗的。

去打疫苗的路上，有一个公园，因为是春天，无处不见繁盛的花朵。面包不顾狗绳的束缚，一门心思地往公园的方向跑。我看公园没有什么人，便松了狗绳，面包顿时像一匹脱缰的野马，瞬间没了踪影，我拿着狗绳愣了愣，随即也冲了过去。

等我气喘吁吁地找到它时，面包正在一棵桃树下，身旁的落花已经堆成了一堆，而它正在专心致志地刨坑。

这货是在葬花吗？我十分讶异地走上前去，拍了一下它的头道："哥们儿，葬花呢？"

谁知，这货不知搭错了哪根筋，"汪"的一声便开始围着桃树转圈，直到看得我眼晕，它才停下来，一屁股坐在花堆上，伸着舌头喘粗气。

直到今天，我也不知道面包为什么这么做，但我能感觉出，面包那时是快乐的，为了快乐而快乐，单纯得让我羡慕。

打完疫苗回家的路上，面包很乖地在我怀里睡着了，我甚至还听见了它微微的鼾声。

我失去了信任别人的能力，却被这个小家伙安心地依赖着。

面包，你知道吗？你对我的信任，让我很满足。

回到家后的三四天里，面包做得最多的事就是赖在我床上睡觉，连狗粮都吃得很少，我这才意识到，面包生病了。

匆匆赶去宠物医院，医生检查后，表情严肃，说它得的是犬瘟。

犬瘟，如同犬类中的绝症，死亡率很高。

那一刻，我手足无措，眼泪止都止不住。

医生问我，治还是不治？

面包躺在我怀里，病恹恹的眼神一直盯着我，喉咙中发出咕咕的声音，像是在小声呜咽。我说，治！

不惧怕夜晚黑暗是因为知道总会有天光大亮的一刻，面包就是照进黑暗的第一缕阳光。

一个多星期，每天带着面包去打针，变着花样地给食欲不振的它做吃的，它不喝药，我就用小勺子一点点送进它的口中，看它悉数吐了出来，心里又急又怕，眼泪直流。第一次，感觉死亡那么近，恐惧几乎将我淹没。

曾经自诩无神论的我从西天如来佛祖到八竿子都打不着的上帝，每天对着他们一遍遍祈祷。晚上睡觉的时候握着面包的爪子，一有动静就立刻醒来。面包生病的日子里，我每天都在提心吊胆中度过。

我失去过很多，虽然无能为力，但终可以潇洒地挥挥手说句再见，可这一次，我做不到，我害怕失去，我承受不起。

好在，挨了不知多少针以后，医生说面包的病已经好了。

医生说面包痊愈的那天晚上，我做了一个梦，我梦到面包和我在家里玩捉迷藏，明明知道它在哪儿，可我就是抓不到它，我大声喊：面包，别闹了，快出来，我们吃饭去。

然后，我被一阵铃铛声吵醒。

面包从客厅冲到我的房间，熟练地跳到我的床上，胸口的铃铛因为刚刚的奔跑还在发出悦耳的声响。我笑着摸摸它的头，看着它精神抖擞的样子，我想，生活还是充满希望的。可是，面包突然抽搐起来，发出痛苦的声音。

等到到了医院时，面包已经连站起来的力气都没有了。

医生匆忙给它打了一针，说："这是退烧针，你先把它带回家观察观察，下午再来打一针。"

我问他，面包不会有事吧？

他说："不会，这是犬瘟好了以后的正常反应，你先把它带回家吧。"

我听过无数次谎言，也无数次选择原谅或遗忘，可这一次的欺骗，却让我有了想杀人的冲动。

回到家后，面包连动的力气都没有了，身体软得像一摊泥，我一边流泪一边在它耳朵和爪子上抹酒精，帮它退烧。

面包动不了，就一点一点往外挪，我看见它的眼睛一直望向窗外。

我抹了抹眼泪，抱着它坐在阳台上，那时的它，似乎已经连呼吸的力气都没有了。我隐隐约约中已经知道会发生什么，不过我知道，无论怎样，我都不能是先放弃的那一个。我在面包的耳边轻轻说："面包，等你好了以后，我们再一起去公园玩好不好，这次我帮你挖坑，你想葬多少花就葬多少。等你再长大一点儿，我就给你找个男朋友，到时你们再生一窝小狗，你肯定知足了吧，不过我们可说好了，到时候你不许不理我……"

即使生命即将到终点，心里仍存一丝侥幸，我又不断地向佛祖上帝祈祷，希望会有奇迹发生。

可最终，佛祖太忙，上帝太远，他们都没有听见我的祷告。

面包再也没有回应我，它一直望向窗外，直到闭上眼睛。

撕心裂肺，是个好词语。我感受怀中的面包身体一点点变凉，哭得眼前一片漆黑。

我第一次理解，死亡还有另一个意思，叫作绝望。

我将面包埋在桃树下时，桃树落花已成春泥。

面包就这么离开了我，我一个人呆呆地坐在阳台上，眼睛瞟向窗外时，看见一朵纯净的云，忽然想起曾经对面包说过的话，面包啊，你死后想变成什么？告诉你，我想变成云，可以飘到世界的任何地方，难过了就下些雨；高兴了，就跑到彩虹上睡一觉。

面包，你也变成了一朵云是吗？那你能不能不飘走？你难过，可以淋湿我，我会接住你的眼泪，告诉你，乖，我在呢，别难过。

面包离开我后的很长一段时间，我依旧还能听见铃铛声。有人告诉我，小狗死后是不能埋的，因为那样它会跟着你。

其实，我心底倒是希望这是真的，这样我就不用午夜梦回，因为摸不到面包的爪子而猛然惊醒，然后才想起来，哦，面包已经不在了。

或许，面包真的跟了我很久。直到今日，我也依旧相信，那似有似无的铃铛声不是我的幻听。

最后一次听见面包脖子上的铃铛声时，面包已经离开我有半年时间了。那天晚上，我窝在沙发里看书，突然听见一阵由远及近的铃铛声，不知为何，这一次我清楚地感知到，面包它是来同我告别的。我坐在地上，略微抬起了手，摸了摸身旁的空气，恍若在摸面包的头。我说："面包，你是来告诉我，你要离开了吗？"

寂静了许久，铃铛声才又响起，却是慢慢远去。至此之后，我再未听见那熟悉的铃铛声。

再也回不到从前

小 城 物 语

木二二

当一个城市刚刚从睡梦中苏醒过来，这便是新的一天的开始。

一位老爷爷站在我身旁等车，转过头，满含笑意地问我："开学了吗？"我笑着说："不是。我去补课。"随即便没了下文。

但还是因为这小小的插曲感到开心。生活里总是有一千个值得微笑的理由。

车终于来了，大家一窝蜂似的朝着车门涌去。没有一个人出来主持正义大嚷着要遵守秩序，生活毕竟不是电视剧，如果是，也只是一部泡沫剧而已。但这就是生活，真真实实的你的、我的生活。

上车后，找了一个靠窗的座位，掏出眼镜打量这个世界。

阿姨急急匆匆地骑着车子上班；爷爷奶奶们悠闲地扇着扇子慢慢向前走；不时还有襁褓中的婴儿看着车窗，粉嫩的笑脸上盛满了幸福；摆摊的叔叔们脸上都挂着忧虑；买早点的阿姨们唠唠东家长西家短。

一切看似毫无关联，却又无比和谐。

前边一个卖煎饼果子的小摊子。初中时候总是要经过这样一个地方，总是会和思思一起打打闹闹等着香喷喷的煎饼果子。她总是吵着不要葱不要胡萝卜，我总是嘲笑她不吃胡萝卜长不高。阿姨总是带着慈厚的笑容，娴熟地铺开面糊，打上鸡蛋。

因为一个煎饼果子而迟到，老班问起来也只是低着头不言语，我实在不敢告诉他这个不算理由的理由。而下课后，张蚯蚓总是毫不留情地抢我用上课时间换来的早点，她总是奸笑着对我说"一人一半，感情不会散"，而我也一直没有告诉她其实我是有点儿轻微洁癖的。

鲁迅在《故乡》里说"再也吃不到那样好吃的豆了"。我想我再也吃不到那样好吃的煎饼果子了，也再也碰不到和那两个一样的活宝了。

6∶50，时间应该刚刚好，我喜欢踏着铃声准时到学校的感觉。

拆开酸奶包装盒舀了一勺后笑着对身边的人说"原来吃的酸奶和喝的酸奶味道是一样的"，我身边的丫头们就笑我"二"。

佳爷边笑边对我说："酸奶喝多了会得老年痴呆的。"梦仔随即接话说："她不吃也是痴呆型的。"

早安！喧嚣而真实的城市。

与七个"小女人"共度青春

倪 一

　　我高一的时候被分到了五班。开学那天，我报到以后，拿着大包小包地开始找宿舍。天生没有方向感的我，走错了好几个房间，急得头发乱糟糟的。（这两者有联系吗？）

　　这时，枣泥特强悍地出现了。她头顶着脸盆，左手拿着塑料桶，桶里装着类似拖鞋、衣架、公仔之类的杂物，右手拢着席子，臂弯还卡着行李箱的拉柄，后背挎着一个鼓鼓的大包……我被她吓愣了。从此，她坚强的新世纪独立女性形象就深刻地镌刻在我不大的脑子里。

　　她看我像木鸡一样傻愣的表情，特别怜悯地赏了我一个八字眉的神情。我到现在还在纠结，当时那情景，到底谁该怜悯谁啊！

　　等我终于跋山涉水找到了所在的房间。她已经哼着歌，抖着腿在床上啃苹果了。

"嗨！"她打了个招呼。

我还在自我怀疑是不是又走错宿舍时，她扑通一下"滚"了下来，一边拿走我的行李，一边自嗨："我叫枣泥！你可以叫我枣，也可以叫我小枣，但别叫我泥！我初中是大枣中学，所以也别叫我大枣，我……"

唰唰唰——一顿劈头盖脸地狂轰滥炸后，她成功地把我的床位从空无一物变成了乱七八糟。

美美是第三个进宿舍的，当时那个惊艳，闪得枣泥都停止了喋喋不休。她死乖死乖地抿嘴浅笑。当时，我们都以为能和一个校花级的人物共处一室，档次就不一样了呢。

结果我们都凌乱了。

她的各种怪癖让我们对她哪怕一点点美好的形象都荡然无存。她一天要刷五遍牙，早、中、晚……只要物体经过她的牙，刷！（难怪她一直没有男朋友了，打个kiss又跑回去刷个牙多麻烦……）她一天要洗N多次脸，一个星期可以用掉一瓶洗面奶。每次洗脸都跟闹革命似的，没个三五遍不行的！

而且她总会无故发出各种非人类的怪声。比如说，某个夜黑风不太高的晚上，她突然僵直地笑起来，面色苍白，披头散发，突然，她吼了一句："哥哥你坐船头啊，妹妹我在岸上走……"我们吓了一跳，惊恐地看着伸手不见黑夜的五指，她又没事儿一样躺下去睡了。

最臭味相投的人就是多多了。她是个极品吃货。跟她一起，说得最多的话就是：

"走！我带你去买好吃的！"

"走！我和你去吃好吃的！"

"走！我们一起去吃好吃的！"

她几乎无时无刻不在吃。别的女孩子，不是清新的洗衣粉香，就是淡淡的洗发水香，（可能还有沐浴露香，洗洁精香……）她呢！方圆三公里内都是她身上各种鱼龙混杂的零食味。

有一次，我涂了一些口红，拿给多多问她好看不？她突然咽了咽口水："好像热狗哦，走！我们去买热狗！"

某年某天某夜某街，某多和我停留在某烧烤摊前。

"傻子，我们吃这个吧？"

"好呀，好呀！"

然后，豆沙突然伸出她神似学校转角处两块五一个的烧饼脸时，我恶心得吃不下了。多多依旧面不改色地大快朵颐。

吃货的精神永垂不朽！

为什么豆沙会恶心到我呢！因为她恶心呀！当时，她一脸严肃地跟我说："我发现这个卖烧烤的帅哥对我有意思，他刚刚贴心地问我要不要放少点儿辣，好温暖哦。"

我忍不住想说出真相的冲动，帅哥可能是想说，妹子你都满脸青春痘了，再吃辣还叫人活不？

即使已习惯了她被门夹过的思维，我依旧无法控制我亲爱的胃。

曾经我和美美讨论隔壁班一男的，美美说："他老是接近我，是不是有什么意图啊？"豆沙神乎其神地飘了过来。

"告诉你们吧。他接近你的原因……嘿嘿……是为了接近我！"

……

地球人已经无法拯救我的胃了。

然后就是毫无节操可言的洛洛了。为了减少占用厕所的洗澡时间，她会在里面洗好澡，穿上小内内，噌噌地冲出来，钻到床上，开始慢悠悠地翻行李箱找衣服穿……

我一直想说，亲爱的，那一身的肥肉就别臭摆了，咱能不丢人吗？

夏天到了极热时，她实在受不住热，什么都不顾了。一推开宿舍门就开始脱，那场景，那画面……我宁愿去动物园看大猩猩掏耳屎……

我正试图找眼罩防止明天长针眼时，阿鼠突然尖锐地笑了一声："哈……哈……哈……"多多猛地喷出了口中的奶茶，蹲在地板上为随之一起喷掉的珍珠哀悼。

"好好笑哦，哈……哈……哈……"阿鼠显然是被枣泥的某段励志的超长故事逗笑了，她一边搓着衣服，一边发出超级刺耳的笑声。

于是我不得不在戴上眼罩的同时，又给耳朵塞上了棉花。

而此时在我上铺看小说的布丁，正恬不知耻地把腿垂下来，像玩水一样荡来荡去。

我找来纸巾，准备塞住我的鼻子。不过在此之前，我要说："布丁，说好的炸鱼呢？"

"啊？我刚打饭的时候突然想到苏××（某小说男主角）不喜欢吃鱼，所以没帮你打。"

"看我不把你卸成七巧板！"

"变身！"

……

某天，我翻了翻布丁蹭了我几顿饭才买来的小说，扉页是她歪歪扭扭的字：有些人，你和他们在一起的时候，会一直笑……一直笑……那就是朋友。

我的七个"小女人"，你们就是我青春路上的护身符。我们一起共度属于我们的青春！

再也回不到从前

蕾 朵

　　我的童年是在外婆家度过的，那里有我所有的欢声和笑语，贮存了我最美好的纯真。还有一个从娘胎里生出来就要和我做冤家的英子。"英子！不准再找我讲话了！听见没有！"我勇敢地站在艳阳高照下的田野小路气势汹汹地指着英子说。"没听见！哼，我以后再也不跟你玩了。"英子也不甘示弱地大吼，吼完便屁颠儿屁颠儿地大步跑回家了。这是我们每次吵架必说的对白。

　　但第二天，我们仍会手牵着手，一起上学，一起放学。这就是两个小屁孩儿，对于昨天的事儿，她们怎么会认真地去计较？

　　记忆中的外婆是很凶的，一丁点儿小错就会把你数落得哭爹喊娘的，但我的爹娘都在外地做生意，他们怎么会听得到？外婆简直就像童话故事中吃人的老巫婆！每次英子来找我玩，都得在后门轻轻地喊我："丽子！丽子！"我听了便会从竹床上起身，轻轻跨过外婆的脚，然后不发出任何声音地穿上我的小花布鞋，踮起脚尖走到后门。"吱嘎"我打开门栓，推开木门，看见英子站在毫无遮蔽的火辣辣的太阳底下，大汗淋漓地等我。头发被汗浸湿了，湿嗒嗒地搭在被晒得通红的脸上，洗得褪色的衬衫也紧贴着身子。我赶紧冲出去："英子！这么大太阳，你怎么站在这儿等我？赶紧去枣子树那儿乘会儿凉吧！"

我拉着英子，跑到枣子树下瞪大眼睛问她："英子，你还好吧！想不想吐？"因为我经常听爸爸妈妈对我说："丽子，不准站在太阳底下，听见了没，站久了会吐还会晕呢！那样就要吃很苦的药了。"那时，我茫然地听着，似懂非懂地点了点头。只记得在太阳底下站久了要吃很苦的药，我害怕吃药，所以一直铭记着这句话。

"没事儿，丽子，不用担心。我怕你找不到我，所以就站在门口等你，哪里知道你那么晚才出来。"英子笑嘻嘻地抹了抹头上的汗。"我才没担心你呢！你要晕了，你昨天欠我的一颗大白兔奶糖就白白赖掉了。"我大言不惭地说。"丽子！"英子的脸便红了，把我肉肉的胳膊使劲儿一掐，"哇"我痛得一下子便哭了。英子无奈地看着我哭，她忘了我是个爱哭鬼。没办法，只好从口袋里掏出一直舍不得吃的太妃糖给我："算了，别哭了，给你！爱哭鬼！"我看见糖，立刻从阴转晴，一下抢过糖，一边吃一边说："有点儿化了。"吃完后直咂嘴，太好吃了！然后拍拍屁股："英子，我不跟你计较了，我们还是好朋友，我们去玩儿吧！"说着手牵手又和好了。

我想，也只有英子才会容忍这个任性、爱耍赖又爱哭的丽子了。

英子对我来说，是唯一一个可以依赖的玩伴。因为外婆很凶，所以别的小朋友都不找我玩儿。谁把我惹哭了，外婆就打谁。当然，这是听他们说的，我没看见外婆打过别人。也只有英子不怕，我总是童言无忌地对英子说："英子，你真好！你要把我惹哭了，我不会跟外婆说的。外婆要是打你，我保护你！"说完我拍拍胸脯，保证我的绝对诚信。

有一次，我不小心从田野的小路上抓蝴蝶时摔进了田里，满身都沾满了泥巴。我害怕地一下哭了，因为外婆会打我的，我印象中外婆会的。我第一个想到的就是英子，我一路哭着到了她家。英子见了我，吓了一跳："丽子，怎么了？你怎么会全身是泥巴？""怎么办？英子，我不小心跌田里去了，外婆要打我了……哇……"我一想到外婆又大哭起来。"别哭别哭，我先把我的衣服给你换上。"英子走出房间，拿出一套干净的衣服给我换上。那可是她最喜欢的衣服！粉红色的连衣裙绣着蕾丝边，还有许多小蝴蝶结在上面，她总是舍不得穿，怕弄旧了。有一次她穿了，在我面前转了好几圈说："丽子，我像不像公主！呵呵……"现在，她居然把衣服给我穿。"英子，你真好！"我感动地抱着英子说。"别把你满脸泥巴往我身上蹭。"英子把我推开，拿出毛巾给我擦脸，擦完脸，毛巾变黑了。"丽子，你就穿这身衣服回家吧！你外婆问起来，就说是英子干的，不碍事的。你的衣服我让我妈洗干净了给你送过去。"英子拉着我的手说："走！咱们摘野菜去！"我眼睛红肿着，可怜地望着她："英子，你不跟外婆说？""我是谁！我怎么会说？你不信啊？"英子伸出小拇指，我也伸出小拇指。"拉钩上吊，一百年不许变！哈哈……"我迎着夕阳，余晖把影子拉得长长的，世界仿佛只有我们两个人。

美好的一切，注定要成为过去。我和英子之间的一切也将化为泡沫，升得很高，被阳光折射成五彩缤纷，却注定会破碎。

和英子疯完回家，看见外婆在拿着电话，说着什么："啊？好好好，这样也好，明天我送她上车，就这样啊，挂了啊！"外婆挂了电话，轻叹了一声，转身看到我："丽子，你爸来电话了，他说让我明天送你上车去福建读书，你说好不好？"我顿时蒙了，但我明白了，我要离开了。我什么话也没说，转身朝英子家跑去，任凭外婆在后

再也回不到从前

195

面喊我，也不回头。

　　我一口气跑到英子家，英子正在烧火煮饭，看到我，抹了抹脸上的灰："丽子，你怎么来了？"我没像以前嘻哈地回答她，只是呆呆地望着她。英子很奇怪，摸了摸我的额头："怎么了？丽子？怎么不说话？是不是外婆打……"她话还没说完，我一把抱住她："英子，假如说有一天我离开了，你会想我吗？"英子推开我："不会的，怎么会？""我爸要让我去福建读书，明天就走……"我低下头，不敢去看英子。英子也低下头，缓缓地问："你……还会回来吗？""不知道。"地下传来嘀咕的声音，我知道，英子哭了，我也哭了。"一定要回来！听见了没！你不回来，我永远也不原谅你！"英子猛地抬起头，眼眶里盛满了不舍的泪。"嗯，我一定回来！"我许下了少年的诺言。"诺！"她伸出小拇指，我也伸出了："拉钩上吊，一百年不许变！哈哈……"我们依然笑着，只是那么牵强。

　　后来，外婆来了，把我带回家。那一别，拆散了我所有的美好。

　　七年，整整七年，我又回到了这里，但完全没了儿时的模样。我走在柏油路上，曾经这里是一条尘土飞扬的泥巴路，我和英子最喜欢在这里拦截敲着铃铛挑着扁担一路喊的老爷爷，然后冲上去在扁担两头的筐子里头看个半天，却什么也不买。走到一家商店门前，曾经这里是我和英子常钓龙虾的池塘，我的手被龙虾夹了，英子还在旁边笑我。这里的太多太多，都牵动着我的记忆。"丽子！"一声熟悉的呼唤，使这里的景物都倒退，仿佛回到了七年前似的。我又看见了英子执着地站在毒辣的太阳下等我的模样。"英子！"我试探地唤出了这句尘封已久的名字。那确实是英子，依旧扎着两条麻花辫，她跑过来抱住我："你回来了！""但我明天又要回自己家了。"我轻轻地说了一句，怕伤害了她，她放开我："丽子，怎么变漂亮了啊！哈哈……"她似乎没听到我要回家似的。

那天我们聊了很多，但之间总觉得有什么东西在挡着，穿不透。或许是时间冲淡了这一切，改变了我们。装得再好，也回不到过去；留得再美，也会过期；我和英子笑得再大声，也笑不回曾经……

再也回不到从前

成长，允许每一段没有结果的暗恋

倪　一

当公交车缓缓地移动，把窗外的建筑远远地甩在后头的时候，我依旧保持着一脸错愕，难以置信的扯淡表情。这……已经是这两天第五次遇见罗小记了。

第五次！

就在两分钟前，在放学铃亲切可爱地开始在校园飘荡的时候，我以百米冲刺的速度奔向了锁定目标——即使偶尔坑爹，没钱拦出租车又坐不起三码车的时候总会莫名晚点，但周日破天荒有良心地能够准时准点出现在校门口的公车。

我和绿子屁颠儿屁颠儿地挤到了最后一排靠窗的位子，一人一猪正眉飞色舞地讨论某作文比赛的事。司机叔叔还在等着载更多的学生，一副不把所有空隙全塞完就不开车的坚定神情。我和绿子越聊越嗨，手舞足蹈，兴奋中我看了一眼窗外，然后瞬间僵硬。

罗小记就在窗外，准备拉停在边上的电动车。他透过车窗往里看了一眼，正好对上我僵硬错愕的脸。我果断光速转过脸去，各种乱七八糟的臆想在我脑子了翻腾了一遍。小怪兽和龙猫打太极，宫崎骏对决奥特曼，香蕉和苹果打架……最后罗小记有些迷茫又略显无辜偏偏萌得很文艺很主流的表情，砰——还是把我的所有防线、堡垒瞬间撞碎。

呵呵呵呵。于是某花痴就一边娇嗔地捶打着绿子的小肩膀，一边在众人或惊讶或惊恐的注视下像个傻子一样嘿嘿地笑着。

"我又见到罗小记了。缘分，告诉我是真的吗？"我很白痴地问绿子。

绿子翻了个超大的白眼："要是缘分也是孽缘。"

"绿子，你是活腻歪了对吗？"

绿子于是默默地低头和手机相亲相爱去了，剩我一人花枝乱颤……

关于和罗小记的相遇越来越多。

第二天同为住宿生的我和绿子偷溜去书店，在走读生里鱼目混珠。顺利出去的时候我在滞留的车流和人群中想回头和绿子说话。结果一回眸，罗小记突兀又无比美好地出现，在我面前轻轻飘了过去。我愣住，看着一脸淫笑的绿子，我脑残般笑了笑，挑了挑眉毛，然后一猪就被一人拖着跟了罗小记好几条路，直到他完全消失在人流中。

第三天我给大博投稿正踮起脚尖往学校信箱里塞信，刚把信投好，准备和绿子去食堂狠吃一顿。一转身，罗小记擦肩而过。我还保持着仰头投递的姿势，就看见他一身黑衣干净利索地走了过去。

第四天我在食堂打饭，盯着人头攒动、饿得无以复加，却看排队窗口遥遥无望的时候，罗小记突然排在了隔壁队伍后头，我一下子就饱了，抿了抿嘴，呈上扬的角度。一旁的绿子无奈地丢了个白眼。

每遇见罗小记一次，我的花痴指数都会飙升。

天空蓝得可以滴出水来，我双手托着腮，对着绿子说："你说这缘分要是浪费了是不是可惜，该五雷轰顶。"

绿子很欠地说："呵呵，是不该浪费。动物粪便做化肥最好了，环保健康无副作用，居家旅行必备良品！记住，天使与你同在，你本来就很美！"

"绿子！我说的是缘分不是猿粪。还有，你这么玷污吕小布你爸妈知道吗！"

第一次见罗小记是在高一时的校运会，自从那天起，我的矜持成了路人。

那天风很轻，阳光和煦。

我在某花痴专业户的怂恿下假装去成绩公布处看比赛

成绩，表情僵硬又略显无耻地偷瞄了一眼一旁的罗小记。

白色耳机线顺畅地沿着他的肩膀垂下蓝色校服，初冬的日光掺杂着些许阳光的暖黄，光碎洒在他的侧脸上，恰如其分地凸显了轮廓和精致的眉眼。那阵子迷恋李敏镐，又超爱炎亚纶，而看到罗小记的第一眼我就同时想到了他们两个。

我深吸一口气，佯装随便看看地又折了回去。那一幕，童话里走出来的唯美王子，气质干净的深蓝骑士，携着七彩祥云，翻涌而来。

从此我变成了脑残，为罗小记脑残。

一年后的校运会，我志愿做了学生裁判，在成绩公布处前整理比赛数据，并且及时更新比赛信息。在赛程安排上我看见罗小记参加了男子1500米和800米，于是一到他比赛的点儿我就想尽各种办法离开主席台去看。比赛成绩送过来的时候，我又抢着认真写上他的名字和成绩，再小心地贴在公布处上。

1500米时他跑得很轻松，全程下来完全不吃力，终点时还嚣张地和好基友击掌庆贺。我在远处，在人群中，在此起彼伏的呐喊和尖叫声中，笑得莫名其妙，忘乎所以。就像每天傍晚，夕阳拉长操场边凤凰树的影子时，我坐在台阶上看他一圈一圈地跑步一样，眼睛眯成缝儿，把昏黄的风景和他奔跑的身影缝在我深深的脑海里。

没有成绩送过来时，我只能傻愣着发呆。那天半趴在桌上百无聊赖时，鬼使神差地抬了抬头，结果撞上了罗小记突然躲闪的目光。我还来不及做出任何反应时，他已经钻到了公布处背面，只剩下隔板下的小腿肚和我say hello。

和罗小记的对视有点儿超过了我的承受范围，在我小小的期待里，这一点儿荣光让我的睡眠陷入空旷，自作多情想了很久。

晚上我回到宿舍躺在床上想着，突然兴奋地掀起被子就爬到绿子床上。

"绿子，我觉得罗小记的反应很奇怪啊！"

迷迷糊糊的绿子扯了扯被子，口齿不清地说："他只是去看自己的成绩不小心看见你像死人一样趴在那里一动不动，然后被你的突然诈尸吓到了而已。"

"不是吧，绿子。"

"别扰人清梦了，姑奶奶。"

后来过了很久，我终于下定决心挥毫给罗小记写封信。

我买了信封信纸，为了表示诚意花了两节自习课画了张信纸。虽然写了尽是无关紧要的话，但还是兀自高兴着。我写了张纸条，飞一个弧形落在绿子桌上。

"绿子！明天放学和我去干大事——我给罗小记写了封信。哈哈。"

她没理我，回到宿舍后也一直沉默。

我很奇怪，努着嘴问她。她钻进被子里，气氛有些尴尬。我想了想，冒出了个很恐怖的念头。

"绿子！该不会你也对罗小记有意思……"

她扒开被子，急忙解释道："别废话了！是……是他早就有……有女朋友了。他女朋友是我……表妹……"

我顿了顿，扯出一个笑容，很艰难地吐了个字："哦。"接着是很长很长的沉默。绿子却急了，拉着我的衣角很抱歉的样子："我不是故意不告诉你，就是……"我收拾好表情，笑得没心没肺："你才告诉我，不行，明天请我吃麻辣烫补偿我受伤的小心灵！"说罢夸张地做垂泣状，以此扼杀掉心里那拥堵而来的难受。

一整个晚上，我无眠。睁着困乏的眼，即使眼皮沉重却睡不着。没有眼泪也没有难过，只是难受。黑暗中我摸索着，拿出了被我放在枕头底下的信。愈捏愈紧，终于还是号啕大哭了。

"绿子！我明天要吃麻辣烫，把你身家全吃完！呜呜呜……"

"真是够了！"

绿子一脸错愕地爬起来，看见我抱着被子哭爹喊娘的。长吁了一口气，很没良心地又睡了下去。也许她以为我没事了。谁说没事了，事大了啊！

第二天我依旧满面春光毫无影响地该干吗干吗，纠结了半天该不该扔掉那封信，最后还是没舍得那么辛苦的劳动成果，留了下来。

看见罗小记依旧花痴得无以复加，一朝是脑残永远是脑残。

绿子刚开始担忧地看着我，慢慢又恢复了以往的白眼。我说："罗小记是我男神！男神就是那种可远观而不可亵玩焉的人。还有，男神的女神就是我女神！你表妹赚了！哈哈！"

也许还是会有些难受，但真的只是一点儿而已。

青春深处，那个奔跑在我的脑海里的少年，还是可以嚣张地在我生命中停留两年不是吗？也许多年以后，我怀念的不是这个人，而是那段时期对美好的向往，对绿子翻白眼时可爱表情的难忘，对自己那些触动那些情绪的缅怀。我会忘记罗小记的名字，却不会忘记我对从未涉猎过的爱情的瞭望。

成长，允许每一段没有结果的暗恋。因为在很美好很美好的生活面前，真的只是小事情。

"绿子！快看！张小宇！"

"在哪？在哪？"

下　雨　天

亦青舒

天下雨了怎么办

5月20号。

数学老师在声情并茂眉飞色舞地讲着定义域，而阴郁了一个上午的天终于忍不住淅淅沥沥下起雨来，教室里顿时一片惊呼——似乎"我居然没带伞"和"我居然带了伞"都是值得喊一喊的理由。我抬头瞭了一眼窗外：雨景渲染，带着某种独特的颜色，铅灰打底，抹上天青，淡淡地晕染出一片幽远静谧来。

你已经走了四个星期零五天又十一个小时三十九分。而这却是你离开以后我过的第一个下雨天。

数学老师不动声色的淡定，专心致志地解着某个解析式，果然是理科思维无比强悍的人种。我叹了口气，不用看旁边罗小念和他如出一辙的表情。我揉了揉太阳穴，决定还是认真考虑自己没有带伞这个严肃的问题。

十五分钟以后，我一个人站在走廊里看着楼下色彩缤纷的伞海，各个楼梯口熙熙攘攘涌出一支又一支分流，向校门口做着定向移动。

"时间永是流逝，街市依旧太平。"我想起鲁迅如是说过。就像现在没有人会因为你的离开而带伞或者不带伞，在这个和往常并无任何不同的下雨天里，每一把伞下都扣住每一个与我无关的世界。他们依旧这样安然地生活着，而我却被这天地相连的雨幕包围——像是被你的离开困住。

心里的哪一处就隐隐疼起来。我伸出手，雨水落在掌心里，我喃喃地说，下雨天了，怎么办？

那一日，终究是冒着雨回了家，一场感冒之后，开始学会固执地带好伞，哪怕是在阳光普照的好天气。把带伞当作一条公式定律那样铭记，只为在下一个雨天，不再想起你。

被爱的人不用道歉

"顾影，你最喜欢的童话是哪个？"晚自习，左左凑过来问我。

一瞬间记忆里浮涌起一个又一个童话，温暖的，明亮的。冬天里女孩儿在绝望里擦亮的三根火柴，花盆里静卧着的拇指姑娘，在子夜里闪闪发亮的水晶鞋，以及孩童时代里母亲柔和的嗓音，父亲带着胡碴儿的下巴。恍然间我竟微微怔了神，直到看见左左眼里浅浅的不满，才抱歉地说："呃……这个啊，海的女儿吧。"

"就是那个人鱼变成泡沫的悲剧？"左左惊诧地望着我。

"对啊，肉身化做泡沫——消失在最美的黎明里。灵魂不灭，真爱恒存。"我顺手填上一个单项选择。

左左很伤感地叹了口气，又探过身子来问我："你说，值得不值得哦？"

值得不值得？

三百年的生命换来一个不灭的灵魂，美妙无双的嗓音换一场无望的爱恋，在刀尖上忍着疼痛起舞，看着他怀里躺着另一个女子，却又踮起脚尖，完成再一个曼妙精巧的回旋。这样值得不值得？放弃家乡放弃亲人，抛下显赫的公主身份，究竟值得不值得？

我给不出一个答案，似乎找不到什么理由能够作为一个合理的诠释。最后受不了左左的不依不饶，含糊地说，也许吧。正准备埋头去做下一个完形填空，左左在后面拍着桌子嚷嚷："顾影顾影，最后一个问题！"

我转身，望见他目光里有某种愤慨："那个王子，太不够爷们儿了，你说对不对？"

　　我的目光突然黯淡，你走的那一天，你站在我面前，沉默得像一个已经离开却又被灯光拉长送到我面前的影子，你欲言又止，只在我手心里用那只纯蓝色的笔写下三个字。

　　那三个字，一笔一画，起笔顿笔，都通过我手心纹路里所触知的力度化做深浅不一的痛楚，最后它们清晰地镌刻在我心里——"对，不，起。"

　　再抬起头，目光里有某种决绝又悲凉的意味。"被爱的人，不用道歉。"我望着左左，如是说。

　　窗外的雨，急急地敲在梧桐叶上，淅淅沥沥，没有要停的意思。

雨 停 悲 止

　　闭上眼，思绪像是柔软又绵长的线，被拽拉到无限远，却又精准地停在某个点上。然后便像是被按下"开始"键的唱机，兀自地响起一首沙沙作响的单曲。

　　十三岁，你转了校，我转了班，这段辗转的相遇却恰让我们成了前后桌。

　　十三岁，那个冬天的平安夜里，我喃喃对你说，若是下一场雪，该有多好。你沉默地站在我左侧，眉头柔软，眼神和澈。

十五岁，本该是并肩奋战的时光——倘若，倘若不是你那般突兀的离开。你在家长的安排下去了很远的城市，接受更好的教育，寻找更明亮的未来。而我，在你走之后，埋首于大本大本的习题，在很深很深的夜里，望着热热的白开水升腾起的袅袅水汽，疲惫地想一想这个时刻又在干什么的你。

　　我一遍遍地告诉自己，我不过是你年少里的一个驿站，那段时光也无非是你更换的一只马匹，至于那一场我心心念念要在平安夜看的白雪皑皑，只是永远不会降临的风景。

　　三年里有很多很多个下雨天，运气好的时候带着伞，运气不好了，也曾被淋得满身狼狈，不是每一次都能躲在屋檐下看最美的下雨天。可是，阴晴霜雪，也一并这样过来了。

　　于是我也相信，成长里也有很多很多个下雨天，运气好的时候被庇佑过了，运气不好了也会走得跌跌撞撞。身边的人们也许会因为不得已的原因离开，本以为不离不弃的青春也许会因为一条分水岭而散场。可是，重要的是，这三年的雨水，把我们每一个人都洗礼得足够坚强。

　　一遍一遍地对自己这样说，一遍一遍地在心里这样想，在当时众人纷纷打赌我会因为你的离开而请假的那天早自习，我既没有双眼红肿也没有神色幽怨，而是一如既往地在七点十分走进教室门，坐在窗边背诵古诗文。

于是也就这样倔强地熬过了6月，走过了中考，直到望见当初的梦想开出青色的花来。

放榜那一天已是盛夏，任凭哪一段时光也该被这日头晒干成轻盈的姿态，而我独自去了初二学年的那一间教室，白色的布帘被风温柔地吹起，桌面上跳跃着光斑，在这光影交错间，我听见窗外那一树的蝉声如诵。

而终究是无法释怀。

关 于 你

关于你，一直是我心里最深处的膜拜顶礼。三步一跪，五步叩首，像是教徒朝圣般匍匐在地，虔诚写进土地里。如同一口静默千年的古钟，心怀着那般深切的虔诚，沉睡在漫天黄沙里，只为等待一只手的敲击，沓沓钟声，嘹亮寂寞。

只是你的离开，荒芜了我静默的等待，从此记忆里只剩下沉默的对白。

11月的第四个星期四。

如果没有记错的话那便是感恩节。

恰在那一天，我收到你邮来的包裹。11月的天气，我的手心里却无端地沁出一片片汗水。我小心地拆开，里面滑出一本刊物，我急急地翻开，在目录里看见你的文稿——

最好不相见，如此，便可不相念。

最好不相知，如此，便可不相思。

最好不相惜，如此，便可不相忆。

仓央嘉措的句子被你用做了引语，落置在段落间，凭空地引出我的一腔落寞来。一刹那间我忽然明白，于是这段日子的大片空白，瞬间涂满温暖而明亮的色彩。

我展开信笺，你的字迹依旧清秀——

佛说，生有八苦，生老病死，怨长久，爱别离，求不得，放不下。我只是想告诉你，我还记得那段时光里，每一个下雨天。

而我的泪，终是无可抑制地落下来。

最　后

《夏至未至》里，夏至在尾声说过一句话：谢谢那些女孩儿，教会我成长，谢谢那些男孩，教会我爱。

倘若有一天，我们能在某个路口相遇。我只想仰脸问你：你还记不记得，那些下雨天？

人在江湖飘

木各格

据说，有足球的地方就有江湖，有江湖的地方就有是非。不管你信不信，反正某些时候我是信了。

按照国际惯例，我同宿和我向来严格遵守"和平共处五项原则"，做到互不侵犯互不干涉，必要时还能够发挥人道主义精神相互帮助、"狼狈为奸"，干点儿无伤大雅的小勾当。

然而，随着近期多项足球赛事的接连上演，我们之间的同盟关系明显遭到"破坏"，在此，我先对我同宿以及他那帮朋友所做出的伤害情感的行为进行强烈"谴责"和"抗议"。

这事儿还得从本赛季的欧洲冠军联赛开始说起。作为一个在足球的小江湖里飘了多年的球迷，我对独自一人看球的寂寞深有感触，于是当某天凌晨3点多我意外发现同宿也在熬球赛时，瞬间有种找到组织的泪流满面之感，这也成了同宿和我一起挑灯看球盟友关系成立的开端。

随后，当某天晚上同宿跟他的朋友在客厅里安营扎寨坐等即将开场的欧冠半决赛切尔西和巴塞罗那之战，而我顶着巴萨的标志从房间里飘出来时，客厅里立马有种火药味十足战争一触即发的危机感，因为那帮家伙全是切尔西粉。

"这家伙怎么是巴萨的？！我还以为她跟咱们是一路的。"球迷甲用一点儿都不低的音量悄悄问同宿，还不忘看了眼我画在脸上的队徽，那眼神就跟看深入我方内部的敌军间谍似的。

"巴萨作为我的启蒙球队之一，我对它还是有感情的好吧。"

"既然这样，"球迷乙一本正经地说，"等会儿我们欢呼时你可别哭哈，虽然咱们几个关系不错，但球场上，你懂的。"

"鹿死谁手还不知道呢，不过我保证不会在你们默默流泪时嘲笑你们的。"我回瞟了眼那帮又是画标志又是拿旗又是套蓝衣一脸挑衅的家伙，在心里默念了三遍，请尽情地把他们往死里虐吧，巴萨！

于是，整个比赛过程我们立场极为鲜明地分坐两边，可惜敌我力量太过悬殊，所以我看起来特没气势，尤其是打嘴仗的时候。所以多数时候我选择了保持沉默的良好品德，最多不过是转过头恶狠狠地瞪那帮家伙一眼。直到桑切斯外脚背挑射打中横梁，成为本赛季巴萨在欧冠中第八次打中门框的球。

"我觉得我现在大概知道巴萨的球员是怎么练射门的了。"球迷丙忐煞风景地甩出句。

"我也明白了，"同宿不怕死地接话，"显然，由于命中率太低总是打偏，所以最后他们只好以横梁为目标，于是每次打偏后也就进球了。"

"不过巴萨本赛季命中率终于有点儿提高了，实在让人欣慰啊。"球迷甲一脸"自家孩子"终于有出息了的表情。

"我们是不想太早进球让你们在接下来的一个多小时里倍受煎熬，感恩吧你们这群家伙。"我迅速转头瞪了一眼，然后继续目不转睛地盯着电视。

"哦，多么善解人意的球队啊，为了顾及其他球迷的感受，只好不断提高自己打到球门的命中率，到底是谁想出来的，实在……哎呀，危险！这球扑的！"

就这样，场上进攻不断，这边我们也没闲着，时不时嘲笑下对方顺带挑个衅理所当然得就跟喝白开水似的，不过整个场面秩序良好，没有出现任何暴力现象，如果可以忽略中场休息时短暂的没有造成任何人员伤亡的坐垫攻击的话，一切都非常和谐。

遗憾的是，比赛最后以1：0巴萨负于切尔西告终，然后我一点儿也不意外地看到，左手边那群家伙挥着旗，在一旁嘚瑟得跟什么似的，还不忘组队在客厅里小跑着绕了一圈。

"真可惜呀，格子，不过你放心，我们保证不会在你默默流泪时嘲笑你的。需要纸巾的话尽管说，这里绝对无限量免费供应。"球迷乙拍拍桌上的纸巾盒，如是说。以至于我有那么一瞬间觉得他做人欠抽到人神共愤的地步，这哥们儿也算是没白活了。然后就想起小学开始看足球时，某前辈对我说的那句意味深长的话：足球这小江湖，水深着哟。

的确，真是各种奇葩都有啊。前辈果然没骗我，可惜当时太年轻，愣是没整明白。现在恍然大悟已为时过晚，在江湖飘了多年，已经难以自拔。不过，值得庆幸的是，欧冠赛后绝对不再和同宿他们那群家伙一起看球的觉悟我倒是有了，并且决定付诸实践。

然后，6月的某天晚上，当我在厨房倒水时，同宿从房间里飘了出来，甩给我句，哎，格子，晚点儿一起看欧洲杯吧。

好啊，不过我得先去睡一觉，晚点儿见哈。